SUPERMARKET VOL.2

> 하루의 시작, 여행의 시작
> **LET'S START**

20	Farmers' Market In Big Island	빅아일랜드 파머스 마켓 한눈에 보기
34	Today's Menu 1	아침: 팬케이크
36	Unpack Big Island 1	팬케이크 믹스 섭렵기
40	Jam, Honey & Spreads	팬케이크의 동반자
46	Let's Talk 1	하와이에서의 삶은 어떤가요? 마사 쳉

> 점심 뭐 먹지?
> **LET'S HAVE LUNCH**

60	Today's Menu 2	점심: 포케와 스팸 무스비
62	Spam Paradise	스팸의 천국, 하와이
64	Local Supermarket In Big Island	빅아일랜드 지역 슈퍼마켓 한눈에 보기
80	Deep Inside 1	무지개의 땅, 하와이
88	Let's Talk 2	빅아일랜드의 슈퍼마켓은 어떤가요? 찰스 카네시로
96	Sun Care Products	태양을 피하거나 즐기거나
98	Beach Gears	바다와 손쉽게 친해지는 방법
100	Let's Talk 3	빅아일랜드에서의 삶은 어떤가요? 제니퍼&레이먼드

하와이 빅아일랜드
HAWAI'I BIG ISLAND

쉬는 시간
LET'S TAKE A REST

Window-Shopping	걷고 또 보고	116
Organic Grocery Store In Big Island	빅아일랜드 유기농 마켓 한눈에 보기	122
Hawaiian Beauty Products	오색찬란 하와이 뷰티 브랜드	130
Let's Talk 4	하와이의 음악은 어떤가요? 노엘라니 수가타	134
Unpack Big Island 2	슈퍼플렉스 100% 코나 커피 시음기	142
Enjoy Coffee Without Drinking It	씹고 뜯고 맛보고 즐기는 커피의 세계	152
Deep Inside 2	빅아일랜드의 기후와 식물	154
Snacks	주전부리	160
Finding Perfect MintChoco	완벽한 민트초코를 찾아서	162
Let's Talk 5	빅아일랜드 뮤지션의 삶은 어떤가요? 마크 야마나카	166

하루의 마무리
LET'S ROUND OFF A PERFECT DAY

Today's Menu 3	저녁: 로코모코와 루아우	182
Unpack Big Island 3	맥주 어디까지 마셔봤니?	184
Cooking	하와이안 식탁	194
Corporate Store In Big Island	빅아일랜드 마트 한눈에 보기	196
Let's Talk 6	하와이안의 삶은 어떤가요? 말루히아 오도넬	210
Glance At Hawaiian Culture	하와이 문화 겉핥기	220

STATE

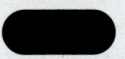

SUPERMARKET   4   BIG ISLAND

SUPERMARKET 6 BIG ISLAND

SUPERMARKET 10 BIG ISLAND

SUPERMARKET

11

BIG ISLAND

하루의 시작, 여행의 시작 Let's Start

→

하와이 하면 대부분 미국의 50번째 주인 하와이주 또는 와이키키 해변으로 유명한 호놀룰루를 떠올리지만, 하와이 제도에는 이름이 '하와이'인 거대한 섬이 있다. 바로 "아일랜드 오브 하와이(Island of Hawai'i)", 하와이 제도 남서쪽에 있는 이곳의 정식 명칭은 하와이섬인데 혼란을 줄이기 위해 다들 '빅아일랜드'라는 애칭으로 부른다. 빅아일랜드의 특징적인 매력 중 하나는 아름다운 자연환경으로, 애칭에 걸맞게 제주도 면적 5배에 달하는 광활한 땅을 자랑하는 한편 드넓은 바다부터 열대우림의 폭포, 고산의 설경, 활화산까지, 다채로운 기후와 식생을 갖추고 있다. 하와이 속의 진짜 하와이, 빅아일랜드로 떠나보자.

하와이주
State of Hawai'i

BIG ISLAND

SUPERMARKET

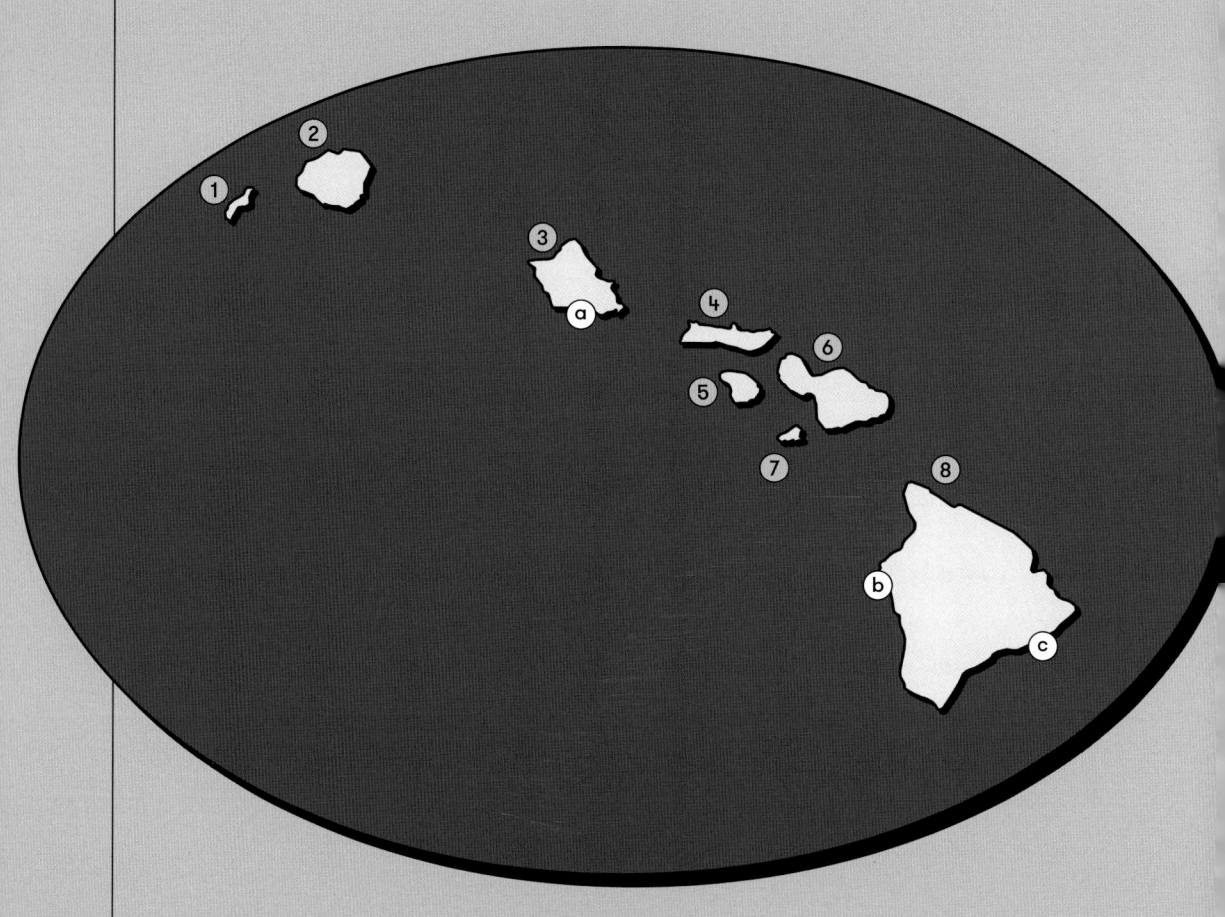

① 니하우(Ni'ihau)
② 카우아이(Kaua'i)
③ 오아후(O'ahu)
④ 몰로카이(Moloka'i)
⑤ 라나이(Lāna'i)
⑥ 마우이(Maui)
⑦ 카호올라웨(Kaho'olawe)
⑧ 하와이(Hawai'i, 빅아일랜드)

ⓐ 호놀룰루 국제공항
ⓑ 코나 국제공항
ⓒ 힐로 국제공항

빅아일랜드
Big Island

SUPERMARKET

BIG ISLAND

① 푸나(Puna)
② 힐로(Hilo)
③ 하마쿠아(Hāmākua)
④ 코할라(Kohala)
⑤ 코나(Kona)
⑥ 카우(Ka'ū)

ⓐ 마우나케아(Maunakea)
ⓑ 마우나로아(Maunaloa)
ⓒ 하와이화산국립공원(Hawai'i Volcanoes National Park)
ⓓ 와이메아(Waimea)
ⓔ 카일루아 코나(Kailua-Kona)
ⓕ 힐로(Hilo)
ⓖ 볼케이노(Volcano)
ⓗ 코나 국제공항
ⓘ 힐로 국제공항

하푸나 비치 주립공원(Hāpuna Beach State Park)

1. 와이메아 홈스테드 파머스 마켓
Waimea Homestead Farmers Market

2. 와이메아 타운 마켓
Waimea Town Market at Parker School

3. 힐로 파머스 마켓
Hilo Farmers Market

빅아일랜드 파머스 마켓 한눈에 보기

신선한 농산물을 사고파는 파머스 마켓은
하와이를 여행하며 흔하게 접할 수 있는 풍경이다.
하와이의 자급자족 생태계를 유지하는 데 큰 역할을
해온 파머스 마켓은 지역경제를 활성화하고
농가를 보호한다. 지역에서 재배한 과일, 야채부터
꽃, 커피, 잼 등의 특산물을 쉽게 찾을 수 있어
오늘날 관광객에게는 다양한 즐길 거리를 제공한다.
빅아일랜드 전역에 크고 작은 파머스 마켓이 있으며
대부분 주말 이른 아침에 문을 연다. 인기 있는
부스는 물건이 소진되는 대로 장사를 일찍 접기도
하므로 서둘러 움직일 것을 권한다. 대부분 파머스
마켓이 야외에서 열리는데 빅아일랜드 날씨가
변화무쌍하니 우산을 꼭 챙겨가자.

와이메아 홈스테드 파머스 마켓
Waimea Homestead Farmers Market

67-1229 Mamalahoa Hwy, Waimea, HI 96743
+1-808-333-2165
www.waimeafarmersmarket.com
토요일 오전 7시-낮 12시

1992년 자영농 가족 다섯이 모여 시작한 파머스 마켓이다. 이후 다른 자영농 가족들이 참가하면서 규모가 커지고 꽃, 음식 등으로 품목도 다양해졌다. 판매자가 많을 때도 서른 남짓이므로 다른 마켓과 비교하면 규모가 아주 큰 편은 아니지만, 지역의 신선한 농산물을 직거래할 수 있어서 현지인에게 인기가 아주 좋다. 까다로운 여러 검증 절차를 거쳐 판매자를 등록하므로 그만큼 안심하고 제품을 구매할 수 있기 때문이다. 관광지 같은 느낌보다 전형적인 파머스 마켓의 분위기를 선호한다면 가볼 만하다. 첫째 주 토요일에 부대행사나 부스가 가장 많은 편이니, 이때를 노려보자.

SUPERMARKET 25 BIG ISLAND

하와이에서 카우보이 문화도 빼놓을 수 없다. 18세기 후반 영국의 항해가 조지 밴쿠버(George Vancouver)가 하와이 왕국의 카메하메하 1세(Kamehameha I)에게 소와 양 몇 마리를 선물로 바쳤다. 왕은 가축을 해치지 못하도록 했고 세월이 흘러 그 숫자가 걷잡을 수 없이 많아지자 1832년 카메하메하 3세(Kamehameha III)가 캘리포니아에 사절을 보내 카우보이를 요청한다. (캘리포니아는 스페인의 지배를 거쳐 당시 멕시코령이었다.) 멕시코 카우보이들이 하와이로 오면서 이들을 "파니올로(paniolo)"라고 부르기 시작했다. 이 표현은 스페인어 또는 스페인 사람을 뜻하는 'español' 아니면 스페인어로 손수건을 의미하는 'pañuelo'에서 유래되었다는 설이 있다. 또는 '단단히 쥐고 우아하게 흔들다'라는 의미의 하와이어에서 파생되었다는 의견도 있다. 19세기 중반 빅아일랜드 북부에 대규모 목장들이 자리를 잡았다. 그중 와이메아의 파커 목장(Parker Ranch)은 미국 전역에서도 손꼽힐 만큼 큰 규모로 성장하면서 지역사회와 문화에 상당한 영향을 끼쳤다. 파커 랜치 센터(Parker Ranch Center) 앞에는 미국 로데오 대회(Cheyenne Frontier Days)에서 우승한 바 있는 전설적인 카우보이 이쿠아 퍼디(Ikua Purdy)를 기리는 동상이 있다.

와이메아 정육점
Waimea Butcher Shop
64-1032 Mamalahoa Hwy #101,
Waimea, HI 96743
www.waimeabutchershop.com

하와이의 관광지화, 높은 운송비, 축산업 법률의 변화 등으로 목장 산업도 예전 같지 않다. 그럼에도 여전히 지역 목장에 깊은 애정을 표하며 이를 유지하기 위해 노력하는 사람들이 있다.
와이메아 정육점도 그중 하나로 항생제, 호르몬제를 사용하지 않고 하와이에서 자란 고기만을 취급한다. 소고기부터 돼지고기, 양고기, 닭고기, 샤퀴테리 등을 판매하는데 다양한 맛의 홈메이드 소시지도 일품이니 와이메아 지역을 지나간다면 들려보길 추천한다.

와이메아 타운 마켓
Waimea Town Market at Parker School

65-1224 Lindsey Rd, Waimea, HI 96743
+1-808-887-0023
waimeatownmarket.com
www.facebook.com/WaimeaTownMarket
토요일 오전 7시 30분-낮 12시

와이메아의 사립학교 파커 스쿨이 기금 마련을 위해 2008년 시작한 파머스 마켓이다. 지난 십여 년간 부스는 아홉에서 사십여 개로 늘어났고 파커 스쿨의 교육 활동을 위한 기금으로 약 20만 달러를 모았다. 학교 앞 잔디밭에서 진행되는 만큼 잔디나 주변 테이블에 앉아 구매한 음식을 바로 먹으며 소풍 분위기를 즐길 수 있다는 것이 이곳의 특출난 장점이다. 농산물뿐만 아니라 치즈, 잼, 꿀, 차, 소금 등의 가공품과 다채로운 공예품을 한꺼번에 구경할 수 있어 더욱더 매력적이다. 홈페이지에서 판매자들의 정보를 상세하게 공유하고 있으니 관심 있는 부스를 미리 살펴보고 가도 좋겠다.

SUPERMARKET 29 BIG ISLAND

힐로 파머스 마켓
Hilo Farmers Market

Corner of Kamehameha Avenue and,
Mamo St, Hilo, HI 96720
+1-808-933-1000
hilofarmersmarket.com
매일 오전 7시-오후 4시(수, 토요일 오전 6시-오후 4시)

SUPERMARKET

BIG ISLAND

1988년 리처드 랜킨(Richard Rankin)이 처음 열었을 때만 해도 힐로 파머스 마켓은 4명의 농부가 트럭에서 물건을 팔던 소박한 곳이었다. 이제 오가는 판매자가 200명을 넘는 명실상부 빅아일랜드 최대의 파머스 마켓으로 자리 잡았다. 힐로 지역 경제를 책임지던 사탕수수 농업이 20세기 후반 하락세를 겪은 후 파머스 마켓의 성장이 이곳에 새로운 활기를 불어넣고 있다. 평소에는 스물 남짓의 부스가 있지만 '빅 마켓 데이'라 불리는 수요일과 토요일에는 부스가 이백여 개로 늘어나 과일과 야채뿐만 아니라 꽃, 수공예품 등 다양한 물건을 만날 수 있다. 특히 싱싱하고 저렴한 파파야가 이곳의 자랑이니 발견하면 한 번쯤 꼭 시도해보자.

HILO BAY
PADDLER

BIG ISLAND

SUPERMARKET

오늘의 메뉴
Today's Menu

①

아침
Breakfast

팬케이크

하와이 아침 메뉴는 고정되어 있지 않다. 아침, 점심, 저녁 메뉴를 엄격하게 구분하지 않는다는 점에서 한식문화와 유사하기도 하다. 아침에 주로 오트밀, 오믈렛, 샐러드나 과일을 먹지만, 로코모코(loco moco)나 사이민(saimin)을 먹어도 전혀 이상하지 않다. 두툼한 토스트나 팬케이크 역시 자주 등장하는 아침 메뉴인데 보통 시럽이나 버터, 잼, 휘핑크림, 과일 중에 선택하여 올려 먹는다. 대부분 식당에서는 계란과 고기를 곁들여 주는데 고기 종류는 링크 소시지부터 포르투갈 소시지, 베이컨, 스팸, 콘비프 해시 등 다양하다. 경우에 따라 밥까지 함께 나오니 팬케이크라고 허술한 아침을 상상하는 것은 금물이다.

다양한 맛의 스팸

SUPERMARKET

BIG ISLAND

BIG ISLAND

SUPERMARKET

빅아일랜드
풀어보기

UNPACK BIG ISLAND

①

팬케이크 믹스
섭렵기

우리에게 핫케이크로 익숙한 팬케이크는 전 세계 어디서나 쉽게 찾을 수 있는 음식이다. 미국식 아침 식사를 떠올리면 빠지지 않는 메뉴로 하와이 맛집 목록에서도 자주 보이고 간편한 조리 방법 덕분인지 근래에는 쇼핑 목록에까지 이름을 올리기 시작했다. 정작 현지 사람들은 '기본 맛(plain)'을 선호하고 코코넛 시럽을 뿌리는 정도로 하와이 정취를 더한다고 하지만, 릴리코이(liliko'i, 패션프루트), 구아바, 망고 등 다채로운 열대과일의 향을 입은 팬케이크 믹스는 우리에게 제법 새롭고 신선하다. 알록달록 화려한 하와이 팬케이크 믹스의 세계에 빠져보자.

*
각 제조사의 레시피에 따라 만들어 먹었다.
제품별 가격은 구매처에 따라 다를 수 있다.

1. 하와이안선

Hawaiian Sun
www.hawaiiansunproducts.com, 각 6oz, $3.50

하와이 슈퍼마켓에서 자주 눈에 띄는 브랜드 중 하나가 '하와이안선'이다. 1952년 호놀룰루에서 시작한 하와이안선은 형형색색의 패키지로 방문객들의 눈길을 잡아끈다. 파파야 농장을 운영하며 파파야잼을 만드는 데서 출발한 브랜드답게 잼이나 젤리 같은 보존식품과 주스, 초콜릿, 시럽, 팬케이크 믹스 등을 판매하고 있다.

하와이안선 팬케이크 믹스의 가장 큰 특징은 대중성이다. 일반적으로 집에서 만들어 먹는 팬케이크를 떠올렸을 때 질감이 가장 무난하다. 전체적으로 인공감미료의 맛과 향이 많이 나는 편이라 맛에 따라 호불호는 크게 갈리지만, 단짠단짠의 조합이 은근히 중독성 있다.

릴리코이(Lilikoi)
유독 인공감미료 맛이 강하다. 특유의 플로럴한 향이 입안에 퍼진다. 강한 향신료를 싫어한다면 피하는 편이 좋다.

바나나 마카다미아넛(Banana Macadamia Nut)
하와이안선 제품 중에 가장 일반적인 팬케이크에 가까운 '느낌'이고 특유의 향이 상대적으로 강하지 않다.

딸기 구아바(Strawberry Guava)
바나나 마카다미아넛과 비슷하지만 인공적인 맛이 있다. 초등학생, 중학생과 달리 20대 이상은 야박하게 평가했다.

파인애플 코코넛(Pineapple Coconut)
파인애플 특유의 신맛으로 감칠맛이 더해져 단맛이 상대적으로 강하게 느껴진다. 대다수 입맛에 가장 무난하게 맞을 듯하다.

블루베리 아사이(Blueberry Açai)
아사이베리 향과 블루베리 맛이 약하게 난다. 팬케이크 자체가 살짝 보랏빛인데 맛은 나쁘지 않다.

초콜릿 마카다미아넛(Chocolate Macadamia Nut)
문구점에서 파는 듯한 저렴한 초콜릿 맛이 난다. 초콜릿 맛에도 불구하고 맛이 없다는 평가가 대부분이었다.

2. 코나 아이나 팜스

Kona 'Aina Farms
각 8oz, $3.69

코나 아이나 팜스 팬케이크는 부드러운 것이 특징이다. 세 개의 브랜드 중 구울 때 가장 많이 부풀어 오르고 버터가 아닌 식용유로 구우면 튀김가루를 넣은 것처럼 가장자리가 바삭해지면서 훨씬 맛있다. 대체로 첫 향이 강하나 실제로 먹었을 때는 무난한 편이다. 잼 등을 곁들여 먹기에 가장 좋다.

구아바(Guava)
브랜드를 막론하고 구아바 맛은 평가가 좋지 않았다. 구아바 자체가 낯설고 단맛도 없어서 그런 듯하다.

바나나(Banana)
부드럽고 고급스러운 질감이지만 끝맛과 향이 인위적이라 아쉽다. 누텔라 잼이나 메이플 시럽과 어울릴 맛이다.

코코넛(Coconut)
구워 먹었을 때 코코넛 향이 잘 느껴지지 않는다. 짠 맛과 구수한 맛이 함께 있어 비교적 먹기 무난하다.

망고(Mango)
노란 색상 덕인지 먹음직스러워 보이지만 인위적인 향 때문에 호불호가 갈리는 편이다.

3. 타로 브랜드

Taro Brand
www.tarobrand.com, 각 6oz, $3.79

1946년 일본계 이민자 카쿠이치 돗토리(Kakuichi Tottori)가 포이(poi, 타로죽) 제조회사로 시작한 기업이다. 이후 HPC 푸드(HPC Foods)로 사명을 바꾸었고 "타로 브랜드"라는 이름으로 포이뿐만 아니라 팬케이크 믹스, 로미 연어(lomi salmon), 채소·과일 등 하와이 전통음식 기반의 다양한 제품을 판매한다.

타로 브랜드의 팬케이크 믹스는 타로가 섞여 수수부꾸미 같은 구수한 맛이 감돈다. 식감이 쫄깃하고 담백한 맛이 특징이다. 구워 바로 먹으면 폭신폭신한데 약간 식은 뒤에는 타로의 쫄깃한 느낌이 더해진다. 식감이나 맛이 일반적인 팬케이크와는 다소 차이가 있지만, 대체로 두루 좋은 평가를 받았다.

타로(Taro)
약간 짭짤하고 구수하다. 팬케이크라기보다 옥수수빵이나 깨찰빵 같은데 곡물을 씹는 느낌이 확연히 나서 든든하다. 한 끼 식사로도 손색이 없다.

타로 마카다미아넛(Taro Macadamia Nut)
마카다미아넛이 들어있어 씹히는 맛이 좋다. 타로의 맛이나 향은 그리 강하지 않고 담백하고 고소하다.

타로 초콜릿 칩(Taro Chocolate Chip)
초등학생과 중학생뿐만 아니라 전 연령대에서 고루 좋은 평가를 받았다. 타로의 담백함과 초콜릿의 단맛, 초콜릿 칩이 씹히는 식감이 전체적으로 조화롭고 훌륭하다.

팬케이크의 동반자
Jam, Honey & Spreads

팬케이크만 먹자니 어쩐지 퍽퍽하다. 빅아일랜드에는 양질의 스프레드 제품이 많다. 잼이나 꿀, 버터로 부드러움과 단맛을 더해보자.

1   빅아일랜드 비즈, 오히아 레후아 꿀
    Big Island Bees, 'Ohi'a Lehua Honey
    bigislandbees.com, $11.29

사시사철 꽃이 피는 하와이에는 좋은 꿀이 많다. 빅아일랜드 비즈는 코나의 양봉장으로 하와이 특색이 물씬 묻어나는 자연 꿀과 유기농 꿀을 만든다. 그중 오히아 레후아 꿀은 하와이에서만 볼 수 있는 희귀한 제품이다. 탁한 하얀색이 인상적인데 질감은 버터 스프레드처럼 부드럽다. 달고 묵직한 맛으로 특유의 꽃 향이 난다. 바싹 구운 식빵에 썩썩 발라 햄 치즈 토스트로 만들어 먹어도 어울린다. 여기에 따뜻한 짜이 한 잔까지 더해지면 금상첨화다.

2   빅아일랜드 비즈, 마카다미아넛 꿀
    Big Island Bees,
    Macadamia Nut Blossom Honey
    bigislandbees.com, $11.29

크게 독특한 구석이 없지만, 전형적으로 맛있는 자연 꿀이다. 질감은 약간 묵직하나 식감이 산뜻하고 깔끔하여 팬케이크에 홍차와 함께 먹기 좋다.

3   킬라우에아 기프트 컴퍼니, 피냐 콜라다 버터
    Kīlauea Gifts Company, Piña Colada Butter
    www.kilaueagifts.com, $6.69

빅아일랜드 남부 볼케이노에 위치한 킬라우에아 기프트는 릴리코이 버터를 시작으로 망고, 구아바, 생강 등 하와이 토산품을 이용한 버터 스프레드를 만들고 있다. 피냐 콜라다 버터는 동명의 칵테일처럼 파인애플과 코코넛이 들어간 버터 스프레드로, 상상하는 바로 그 맛이다. 버터의 부드러움이 살아있으면서도 특유의 유제품 비린내는 파인애플의 달콤함이 가려주어 상큼하다. 아메리카노와 궁합이 좋다.

4   킬라우에아 기프트 컴퍼니, 구아바 고메 버터
    Kīlauea Gifts Company, Guava Gourmet Butter
    www.kilaueagifts.com, $6.69

버터로도 구아바의 시큼함은 감출 수 없나 보다. 여기서 소개하는 다섯 제품 중 가장 혹독한 평가를 받았다. 구아바 고유의 시고 떫떠름한 맛이 끝까지 맴도는데 얼그레이 밀크티처럼 쌉싸래한 음료를 곁들이면 중화되어 좋다. 빵보다 크래커에 더 잘 어울린다.

5   레스 메네후네 키친, 패션프루트 잼
    Les' Menehune Kitchen,
    Passion Fruit Jam
    www.facebook.com/menehunekitchen, $8.59

힐로의 브랜드로 잼과 버터를 판매한다. 패션프루트 잼은 단맛보다 신맛이 강하게 느껴져서 팬케이크보다도 플레인 요거트에 올리거나 에이드처럼 탄산수에 타 먹는 것이 의외로 괜찮다. 패키지에는 '메네후네(Menehune)'가 귀여운 캐릭터로 숨어있다. 메네후네는 하와이 신화에서 도로, 카누, 집 등을 짓는 장인으로 난쟁이로 묘사된다.

탄탈루스드라이브(Tantalus Drive)

이야기해보자
Let's Talk

①

하와이에서의 삶은 어떤가요?

마사 쳉
Martha Cheng

www.marthacheng.com

간단한 자기소개를 부탁합니다.

하와이주 오아후의 호놀룰루에 거주하며 "호놀룰루 매거진(Honolulu Magaizne)"에서 푸드 에디터로 활동하고 있어요. 다른 여러 매체에 기고도 하고요. 그리고 '포케(poke)' 요리책을 썼죠.

다른 지역에 거주하다가 하와이로 이주했다고 들었어요. 오아후를 선택한 이유가 궁금합니다.

당시 남자친구가 여기서 살고 싶어 했어요. 이후로도 정이 들어서 머무르게 되었죠. 여행을 많이 다녔는데 하와이가 서핑하기에 가장 좋더라고요. 때마다 조금씩 다르긴 하지만, 하와이에서는 어디서든 서핑할 수 있거든요.

2017년 출간한 "포케(The Poke Cookbook)"를 소개해주세요. 어떤 동기로 이 책을 쓰게 되었나요?

포케를 좋아해요. 처음 하와이를 방문했을 때 신선한 생선이 가장 인상적이었어요. 당시만 해도 포케가 그리 유명하지 않았거든요. 게다가 하와이로 이주해서 제일 처음 한 일이 주방일이었어요. 한동안 매일 포케를 만들었죠. 푸드 에디터로 활동하던 중에 포케 요리책을 내보자는 제안을 받았고 흔쾌히 수락했어요.

정확히 어떤 음식을 '포케'라고 부르나요? 샐러드 같은데 밥에 얹어 먹기도 하고, 들어가는 재료도 정말 다양해요.

SUPERMARKET

단어 자체는 하와이어로 '깍둑썰다'라는 뜻이에요. 보통은 날생선 또는 다랑어 샐러드라고 이해하죠. 요즘 우리가 먹는 포케는 비교적 최근에 생긴 개념이에요. 하와이 사람들은 포케라고 하면 주로 아히('ahi, 황다랑어나 눈다랑어)에 간장, 참기름을 넣어 먹는 음식으로 생각해요. 샐러드처럼 먹거나 밥에 곁들여 먹기도 하고, 애피타이저 또는 간식이나 식사라서 하와이에서 일상 그 자체라고 할 수 있죠.

개인적으로 가장 좋아하는 포케 요리법은 무엇인가요? 한국의 독자들에게 추천하고 싶은 포케가 있다면 함께 알려주세요.

저는 리무(limu, 해조류) 포케를 좋아해요. 리무, 이나모나('inamona, 볶은 쿠쿠이넛으로 만든 양념 가루), 참기름, 칠리소스를 넣어 먹어요. 책에서 이미 한 이야기인데 한국에는 훌륭한 포케 레시피가 이미 있어요. 밥에 날생선과 야채를 얹고 고추장을 넣어 먹잖아요. 저도 한국에 가면 고추장을 많이 사 와요.

하와이에서 포케를 맛보고 싶은 사람에게 포케 식당을 추천해주신다면요.

와이키키 근처에 아히 어쌔신스 (Ahi Assassins)가 괜찮아요. 오노 씨푸드 (Ono Seafood)나 마구로 브라더스 (Maguro Brothers)도 소개하고 싶어요. 여기는 테이크 아웃 전문점인데 오아후 북쪽에 카후쿠 슈퍼렛(Kahuku Superette)을 추천해요.

평소 물건을 살 때는 주로 어떤 곳을 이용하나요?

푸드랜드(Foodland)나 홀푸드마켓 (Whole Foods Market)에 가요. 지역 생산품이 많아서 좋아하거든요. 자연식품을 파는 코쿠아 마켓(Kokua Market)도 좋아해요. 주말에는 카카아코 파머스 마켓(Kaka'ako Farmers' Market)에 자주 가고요. 토요일 오전에 열리는 파머스 마켓인데 지역주민이 이용하는 곳이라 관광객이 많지는 않아요. 보통 채소나 과일을 사러 가죠. 파파야나 바나나를 주로 사는데 망고, 리치, 릴리코이도 종종 사요. 파머스 마켓은 이전에 먹어보지 못했던 과일들을 볼 수 있어서 좋아요. 예를 들면 잭푸르트(jackfruit) 같은 거요. 아, 쌀은 라이스 팩토리(the rice factory)에서 사요. 다양한 종류의 쌀을 소량 구매할 수 있어서 좋아요. 혼자 사는 사람에게 적당하죠.

포케(The Poke Cookbook)

요리는 자주 하시나요? 문화나 지역에 따라 즐겨 쓰는 향신료가 다른데 특별히 좋아하는 나만의 소스가 있는지 궁금해요.

직업 특성상 외식이 잦아서 요리를 매일 하지는 않는데 저는 하리사(harrisa)를 즐겨 사용해요. 모로코풍으로 레몬 절임과 곁들여 먹어요. 계피, 마늘, 생강이 들어가는 중국식 칠리오일도 자주 써요. 캘리포니아에 계신 부모님을 뵈러 갈 때는 비건 소스인 버섯 XO 소스를 꼭 챙겨가요.

언급하신 것처럼 푸드 에디터로서 다양한 식당에 가보셨을 텐데, 호놀룰루 최고의 식당을 꼽아본다면요.

너무 많아요.(웃음) 가장 먼저 떠오르는 곳은 피그 앤 레이디(The Pig & The Lady)요. 퓨전 베트남 음식을 파는데 요새 주목받는 곳이에요. 하이웨이 인(Highway Inn)은 하와이 전통음식을 맛볼 수 있어서 주변 사람들을 자주 데려가고요. 그리스 음식점 올리브 트리(Olive Tree)는 캐주얼하게 먹기 좋아요.

호놀룰루에서 꼭 해보았으면 하는 일도 소개해주세요.

저는 워낙 물을 좋아해서 물에서 하는 것은 무엇이든 좋아해요. 서핑도 좋고 해질녘 보트 타는 것도 좋죠. 겨울에는 오아후 노스쇼어 쪽에서 사람들이 집채만 한 파도 사이로 서핑하는 것을 구경할 수 있어요. 직접 하지 않더라도 보는 재미도 충분해요. 서퍼들을 위해

실시간 날씨와 파도 상황을 알려주는 웹사이트 '서프라인(Surfline)'이 있어요. 앱으로도 이용할 수 있으니 상황을 미리 확인해보고 가길 추천해요. 여름에는 지역 농산물을 파는 파머스 마켓에 가보면 좋아요. 온갖 과일들을 다 볼 수 있어요.

하와이는 일 년 내내 관광객이 끊이지 않는 곳이죠. 이곳을 방문하는 사람들이 지켜주길 바라는 에티켓이 있다면 알려주세요.

하와이에 산다고 해서 모두 '하와이안(Hawaiian)'은 아니에요. 하와이 원주민만 '하와이안'이라고 부를 수 있고 저 같은 사람들은 '현지 주민(locals)'이라 칭하죠. 많은 사람이 이 부분을 잘 모르고 실수하곤 해요. 그리고 아시아 문화권에서는 익숙한 관행일 텐데, 하와이에서는 집에 들어갈 때 대부분 신발을 벗어요. 마지막으로 이곳의 사람들, 물건, 환경을 존중하고 조심하는 태도를 갖추면 좋겠어요. 요즘 바다나 산을 하이킹하는 사람들이 여기저기 마음대로 돌아다녀서 문제가 되기도 하는데, 생태계에 피해를 주거나 다칠 수 있으니까 가이드와 동행하길 추천해요.

호놀룰루 시내 풍경.
저 멀리 다이아몬드 헤드(Diamond Head)가 보인다.

SUPERMARKET 49 BIG ISLAND

빅아일랜드는 일주일을 지내도 속속들이 알기 어려울 만큼 큰 섬으로 지역마다 풍광이 확연히 다르다. 동쪽의 아카카 폭포 주립공원에서 열대우림을, 남쪽 하와이화산국립공원에서 활화산 흔적을 구경하며 트래킹해도 좋고, 서쪽에는 서핑이나 스노클링을 즐기기 적합한 해변공원이 많다. 북쪽으로는 드넓은 목장이 펼쳐지니 운전대가 어디를 향해도 볼거리 천국이다. 다만 이렇게 무작정 달리다 보면 식사 때를 놓치기 쉽고 빅아일랜드에서는 번화가를 벗어나면 식당 찾기도 어려우니 미리 점심거리를 장만해두길 추천한다. 슈퍼마켓의 포케나 도시락, 스팸 무스비도 해변에서 먹으면 파인다이닝이 따로 없다. 야외에서 식사할 때 음식물 섭취가 가능한 곳인지 표지판을 살피고 앉은자리는 말끔히 치우고 가는 에티켓을 잊지 말자!

키홀로 베이(Kiholo Bay)

키홀로 베이(Kīholo Bay)

BIG ISLAND

SUPERMARKET

오늘의 메뉴
Today's Menu

②

점심
Lunch

포케와 스팸 무스비

하와이 식문화에서 포케는 빼놓을 수 없는 존재다. 하와이어로 '깍둑썰다'라는 뜻의 '포케'는 깍둑썰기한 날생선에 해초와 양파 등을 넣고 버무린 음식이다. 취향에 따라 날생선뿐만 아니라 문어나 조개를 넣기도 하고 간장, 참기름, 고추냉이, 칠리소스 또는 된장소스로 버무리니 그 종류가 무궁무진하다. 가장 클래식한 포케는 아히에 소금, 이나모나 그리고 해초만 넣은 것이다. 스팸 무스비도 포케와 더불어 하와이에서 단골 점심 메뉴다. 밥 위에 스팸을 얹어서 김으로 둘러싼 스팸 무스비는 일본식 주먹밥 '오니기리'의 변형이라 볼 수 있다. 포케 전문 음식점도 좋지만, 하와이 분위기를 제대로 즐기고 싶다면 슈퍼마켓으로 가자. 특히 밥을 곁들인 '포케볼(poke bowl)'은 한 끼 식사로 그만이다. 신선한 포케와 스팸 무스비를 사 들고 바닷가로 향하노라면 하와이 적응 완료! 새콤달콤한 과일까지 더하면 더욱 좋다.

상	포케
중	스팸 무스비
하	리힝무히 파우더를 묻힌 파인애플

스팸의 천국, 하와이
Spam Paradise

통조림 햄의 대명사, 스팸. 하와이의 스팸 사랑은 상상을 초월한다. 매해 7백만 개라는 미국 내에서 가장 높은 소비량을 자랑하는 한편 호놀룰루에서는 스팸 축제 '스팸 잼(SPAM JAM)'이 열린다. 햄에 감자녹말, 소금, 설탕 등을 섞은 스팸은 제2차 세계대전 당시 군인들에게 전투식량으로 보급되며 전 세계로 퍼져나갔다. 이때 미국의 일본인 수용소에서 스팸 무스비가 탄생했으리라 추측한다. 맛, 보관, 유통의 측면에서 엄청난 효율을 자랑하는 스팸은 전쟁이 끝난 후 자연스레 하와이 로컬 먹거리로 자리 잡았다. 하와이 어느 식당이든 곁들일 고기를 고르는 메뉴에는 베이컨, 소시지와 더불어 스팸이 항상 보기에 올라있다. 심지어 맥도날드나 버거킹 같은 패스트푸드 체인점에서도 스팸이 포함된 아침 메뉴를 판매한다. 스팸 제조사 호멜푸드(Hormel Food)는 포르투갈 소시지를 좋아하는 하와이 사람들의 입맛을 잡기 위해 '포르투갈 소시지 맛 스팸'을 내놓기도 하였다. 스팸 무스비를 위해 미리 조미된 데리야키 맛 스팸뿐만 아니라 필리핀 음식 토시노(tocino)에서 영감을 받은 토시노 맛, 멕시코의 할라페뇨 맛 등 세계 각국의 식문화를 반영한 다양한 제품을 출시했는데 정작 하와이에서는 기본 맛이 가장 인기가 좋다.

1 KTA슈퍼스토어
KTA Super Stores

2 푸드랜드
Foodland

빅아일랜드 지역 슈퍼마켓 한눈에 보기

그 이름처럼 광활한 빅아일랜드에서는 먼 거리를
일상적으로 이동하므로 대부분 하루를 일찍 시작한다.
오전 6~7시면 출근길에 올라야 하고 이에 발맞춰
큰 규모의 슈퍼마켓은 오전 5시에 문을 연다.
한국과는 다르게 오전 6시에 슈퍼마켓이 붐비는
광경을 심심치 않게 목격할 수 있는데 점심거리를
슈퍼마켓에서 사서 가는 사람들의 수가 상당하다.
사탕수수 농장, 파인애플 농장 노동자들이 아침과
점심을 챙겨 출근하던 문화의 영향 때문이라는 설도 있다.
식품류에서 특히 강세를 보이는 두 곳의 빅아일랜드
지역 슈퍼마켓을 살펴보자.

KTA

빅아일랜드에만 있는 슈퍼마켓 체인으로 현지인들에게 가장 친숙한 마트이자 생활의 터전이다. 1916년 일본계 이민자인 타니구치(Taniguchi) 부부가 힐로의 와이아키아 마을에 오픈한 15평 남짓의 식료품점이 그 시초다.
처음에는 사탕수수 농장 노동자들에게 자전거로 식자재를 배달하던 작은 규모의 상점이었는데 1939년 힐로 시내에 지점을 내고 1950년대 들어 다양한 서비스를 제공하는 슈퍼마켓의 형태를 갖추기 시작했다. 빅아일랜드만의 특색이 담긴 포케 코너, 베이커리 코너 등이 특히 인기다. 현재 타니구치 자손이 물려받아 경영하는 한편 하와이에서 생산된 제품을 알리는 '마운틴 애플 브랜드(Mountain Apple Brand)' 라벨 제도, 빅아일랜드의 일상을 담은 '리빙 인 파라다이스(Living in Paradise)' TV쇼 시리즈를 운영하며 지역 커뮤니티 기반의 회사임을 강조하고 있다. 2020년 기준 빅아일랜드 내 7개의 지점이 있다.

www.ktasuperstores.com

슈퍼스토어

KTA Super Stores

SUPERMARKET 69 BIG ISLAND

BIG ISLAND

70

빅아일랜드뿐만 아니라 오아후, 마우이 등 하와이 다른 섬들의 맥주도 마셔보자. 지역 한정 또는 시즌 한정 맥주를 찾아보는 재미가 있다.

SUPERMARKET

하와이는 일본, 미국, 한국, 필리핀 등 다양한 문화가 혼재되어 아시아 국가의 식자재도 슈퍼마켓의 한 코너를 크게 차지하고 있다. 김, 후리카케가 들어간 팝콘, 과자 등의 퓨전 아이템도 인기가 좋다.

BIG ISLAND

식당에서 포케를 맛보는 것도 좋지만 현지 스타일에 도전하고 싶다면 슈퍼마켓에서 포케를 사보자. 밥이 들어간 포케볼도 식당보다 저렴한 가격에 먹을 수 있고 특히 KTA슈퍼스토어의 포케는 신선한 것으로 유명하다.

하와이 사람들이 꽃을 사랑한다는 사실을 슈퍼마켓에서도 눈치챌 수 있다. 슈퍼마켓에 크든 작든 생화 코너가 대체로 있기 때문이다. 화분과 꽃다발뿐만 아니라 꽃목걸이를 만들 수 있도록 다듬은 꽃들을 팩으로 판다는 점이 인상적이다.

SUPERMARKET

사탕수수 농업 쇠망 이후의 빅아일랜드 농가를 지원하고 보호하기 위해 KTA슈퍼스토어는 '마운틴 애플 브랜드' 라벨 제도를 도입했다. 하와이에서 생산·가공되었고 품질이 우수한 제품을 인증하는 제도다. KTA슈퍼스토어의 지역사회에 대한 애정은 라벨 이름 '마운틴 애플(산사과)'에서부터 드러난다. 산사과는 약 1,500년 전 폴리네시아인들이 하와이에 정착할 때 가지고 왔다고 알려진 24가지의 "카누 식물(canoe plants)" 중 하나다. 타로, 사탕수수, 바나나, 코코넛 등 폴리네시아인들의 생활에 근간이 되었던 카누 식물처럼 지역경제에 이바지하겠다는 비전이 담겨있다.

2

하와이에서 지역 기반의 슈퍼마켓 체인 중 가장 큰 규모를 자랑한다. 아일랜드 출신의 모리스 설리번(Maurice Sullivan)이 라우 가족(Lau family)과 1948년 호놀룰루에 첫 번째 지점을 열었다. 당시 하와이에서 슈퍼마켓 형태를 갖춘 최초의 가게였다. 빅아일랜드에는 1971년에 진출하였고 '푸드랜드 팜스(Foodland Farms)', '색앤세이브(Sack N Save)' 등을 포괄하여 2020년 기준 하와이주 전역에 33개의 지점이 있다. "음식, 가족, 친구 그리고 알로하(Food, Family, Friends & Aloha)"라는 슬로건에 걸맞게 장학금 제도, 비영리 단체 기부 등 지역공동체에 기여하는 다양한 프로그램을 운영한다. 현재 모리스의 딸 제나이 설리번 월(Jenai Sullivan Wall)이 물려받아 경영하며 마이카이(maika'i)라는 자체 브랜드 제품도 꾸준히 내놓고 있다. 감자칩, 코코넛칩 등 칩 종류가 특히 인기다.

www.foodland.com

푸드랜드
Foodland

SUPERMARKET

75

BIG ISLAND

어떤 슈퍼마켓을 가든 매대를 크게 차지하고 존재감을 과시하는 하와이안선 음료수들. 하와이는 과일이 풍부한 만큼 음료수 맛도 다양하다. 새로운 맛을 찾고 있다면 '포그(POG)'는 어떨까. 패션프루트(P), 오렌지(O), 구아바(G)를 섞은 것인데 예상외로 독특하면서도 큰 거부감이 없다. 생각보다 달지 않고 상큼한 편. 탄산음료가 아니라는 점이 또 다른 반전이다.

한입에 먹기 편하게 포장된 과일은 바닷가에 들고 나갈 간식으로 안성맞춤이다. 직접 손질하기 어려워 주춤거렸다면 슈퍼마켓에서 과일을 간편하게 사 먹어보자.

푸드랜드의 요리사 케오니 창(Keoni Chang)에 따르면 최근 푸드랜드는 슈퍼마켓과 레스토랑의 개념을 결합하여 새로운 식품 소비문화를 제시하는 데 큰 관심을 두고 있다. 앞으로 각 지점이 위치한 지역 특색에 어울리는 식품을 고민하고 제공하는 것이 이들의 목표다. 푸드랜드 홈페이지에서 다양한 하와이 음식 레시피도 공유한다. 케오니 창이 요리 과정을 직접 알려주는 동영상이 함께 첨부되어 있다.

무지개의 땅, 하와이

DEEP INSIDE

황혜성

서강대학교 사학과를 졸업하고 미국 하와이주립대학교에서 미국사 전공으로 석사학위와 박사학위를 받았다. 주로 미국의 인종과 이민 문제를 연구해왔고 한국미국사학회와 한국서양사학회 회장을 역임했다. 이민 관련 논문으로 「왜 호모 미그란스(Homo Migrans)인가?」, 「다채로워진 미국 이민사 연구」, 「센센브레너 법안과 미국 이민법 논쟁」 등이 있으며, 옮긴 책으로 『미국의 노예제도와 미국의 자유』(공역), 『미국 민중사를 만든 목소리들』, 『니그로』 등이 있다. 현재 한성대학교 역사문화학부 명예교수다.

하와이, 다양한 문화의 혼종

태평양 한가운데 자리한 하와이에서는 거의 매일 무지개를 볼 수 있다. 여러 색상이 서로 아름답게 어우러진 무지개는 하와이의 인종적·문화적 다양성의 상징이기도 하다. 하와이는 일찍부터 원주민, 백인, 그리고 아시아인들로 다민족 사회를 이루었고 그 안에서 다문화가 빚어졌다. 이와 같은 다문화 혹은 다민족 문화가 형성된 데에는 하와이의 독특한 이주 역사에서 주된 원인을 찾아볼 수 있다.

역사적 기록이 존재하지 않지만, 구전과 유물, 유적에 따르면 약 1,500년 전 태평양의 마르키즈 제도와 타히티섬 등에서 폴리네시아계 사람들이 하와이 제도로 처음 이주하였다. 그들은 타로감자, 사탕수수, 코코넛, 바나나 등의 식물과 닭, 돼지 등의 동물을 하와이에 들여왔다. 이국적인 훌라춤이나 화려한 꽃무늬의 알로하 셔츠, 레이(꽃목걸이) 등의 하와이 문화는 폴리네시아인들이 정착하는 과정에서 만들어졌다. 정치적으로는 대족장이 섬 단위로 통치하며 부족별로 족장이 지배하는 사회가 형성되었다. 대족장은 세습제였고 서로 다른 섬과 부족들은 경쟁 관계였지만, 우호적인 사이를 유지했다. 1790년 대족장의 조카인 카메하메하 1세(Kamehameha I)가 하와이섬들을 통합하기 시작하여 1810년에 하와이 왕국을 건설했고, 1819년 하와이 제도 전체가 단일 왕조 국가로 통일되었다.

유럽과의 접촉과 하와이 왕국의 서구화

하와이와 유럽의 접촉은 영국 탐험가 제임스 쿡(James Cook)이 1778년 하와이를 발견하면서 시작되었다. 쿡 선장과 선원들은 이 섬들을 샌드위치 섬(Sandwich Islands)이라고 명명했다. 하지만 여러 섬으로 이루어진 하와이 제도는 그중 가장 큰 섬의 이름을 따서 하와이라고 불리고 있었다. 쿡 선장의 발견 이후 태평양 교차로에 위치한 하와이 제도는 유럽과 아메리카에 그 존재가 알려졌고, 미국, 영국, 프랑스, 러시아 등 서구 국가들이 서로 관심을 보였다. 이후 무역상, 선교사를 비롯하여 서구 식민주의자들이 하와이에 방문하거나 이주하고 영토적 야심도 드러냈다.

외교적 수단이 뛰어났던 카메하메하 1세는 외부세력을 적대시하지 않았으며 오히려 활용했다. 그는 유럽과 아메리카 제국들의 영토적 야심을 막으려는 선견을 지니고 있었다. 한편 그의 후계자 리호리호(Liholiho, 카메하메하 2세)는 토착 신앙에서 벗어나 기독교를 받아들였다. 1820년경부터 미국 선교사들이 유입되었고 그들의 영향으로 교육, 정치, 경제 등 각 분야가 커다란 발전을 이루었다. 알파벳을 빌려 하와이어 체계가 확립되고 신문이 발간되었다. 교육 수준도 비약적으로 향상하며 근대화가 빠르게 진행되었다.

친미파로 알려진 카메하메하 3세부터 하와이는 본격적으로 서구화의 길을 걸었다. 1840년 입헌군주제를 채택했고 1852년 공포한 신헌법에서 노예제도를 금지하여 하와이 내 노예는 자유인 신분이 되었다. 하지만 1864년 카메하메하 5세가 왕권복원을 목표로 한 신헌법을 공포하자 불안감을 느낀 미국은 하와이 왕국의 합병계획을 시작했다. 하와이 왕족의 저항, 여론의 반발 등이 있었으나 결국 1895년 릴리우오칼라니 여왕(Queen Liliʻuokalani)이 물러나며 하와이 군주제가 막을 내렸다. 1898년 하와이는 미국 영토로 편입되었고 1959년에 미국의 50번째 주로 승격되었다.

다양한 민족과 문화를 수용한 하와이 왕국은 원주민과 백인을 비슷하게 대우하는 법을 제정할 정도로 포용적인 사회였다. 19세기 초 일군의 백인이 하와이에 도착했을 때 원주민들은 자신들의 포용 정신, 즉 알로하(aloha; 사랑, 친절, 열정), 로카히(lōkahi; 조화, 통합, 동의)와 오하나(ʻohana; 대가족, 부족) 정신으로 백인들을 하올레(haole)[1]라 칭하며 환대했다. 그러므로 하와이로 이주한 여러 인종과 민족은 각자의 민족문화(ethnocultural) 정체성을 그대로 유지할 수 있었다.

여기에 하와이의 지리적 위치는 하와이가 다민족·다문화 사회로 발전하는 데 또 다른 요인으로 작용했다. 아메리카 대륙과 아시아 대륙 중간 태평양 한가운데 위치한 하와이 제도는 바다로 둘러싸여 물리적 공간과 이동이 제한되어 있다. 이러한 환경에서 이질적인 인종과 집단이 서로 배척하고 싸우기보다는 상호 협력하고 적응하여야 함께 살아갈 수 있었을 것이다.

이 같은 역사적, 지리적 환경으로 미국 본토와 달리 하와이에서는 제도화된 인종주의가 나타나지 않았다. 미국 본토의 경우 아메리카 대륙으로 이주한 유럽인들이 원주민을 정복하며 서부를 개척해나갔고, 그 과정에서 문화가 다른 원주민들을 인종적으로 열등하다고 치부했다. 여기에 담배와 목화 재배에 필요한 노동력을 아프리카 흑인으로 충당하면서 성립된 노예제도는 '백인종이 유색인종보다 우월하다'라는 인종주의를 더욱 강화했다. 주류 세력이었던 백인들은 소위 '용광로(melting pot)' 이론을 내세우며 우월한 서구 문명으로 유색인들을 동화시켜야 한다는 주장을 펼쳤다. 이러한 인종주의는 20세기 전반까지 과학의 이름으로 보강되었고 놀랍게도 1970년대 다문화주의가 회자되기 전까지 크게 도전받지 않았다.

사탕수수 농장과 계약 노동자의 유입

안타깝게도 외부인들이 가져온 매독과 천연두 등의 질병으로 하와이 원주민 인구는 급격하게 감소했다. 1831년 13만 명에 육박했던 인구가 1850년에는 8만 4천 명으로 거의 반이 줄어들었다. 비록 인구는

[1] 편집자 주: 하올레(haole)는 '이방의, 이질적인'을 뜻하는 표현으로 처음에는 하와이 원주민이 아닌 이주민을 통칭했으나 점차 백인을 지칭하는 용어로 한정되었다. 오늘날 간혹 하와이 출신이 아닌 이방인, 관광객 등을 조롱하거나 경멸하는 어조로 사용하기도 하므로 활용에 유의해야 한다. 하올레를 둘러싼 논쟁과 하와이 원주민 운동을 조금 더 알고 싶다면 『하와이 원주민의 딸(서해문집, 2017)』을 추천한다.

감소했으나 1830년대부터 미국과 영국 출신 자본가들이 시작한 사탕수수 농장은 날로 번성했다. 사탕수수 재배에 필요한 농장 노동력을 충당하기 위해 하와이 왕국은 외국으로 눈을 돌렸다. 1852년 약 200여 명의 중국인이 이주노동자로는 처음으로 하와이에 도착했고 이후 일본, 한국, 포르투갈, 필리핀에서 노동자들이 하와이행 배에 몸을 실었다. 소수지만, 노르웨이인, 독일인, 푸에르토리코인 등 백인 노동자도 지속해서 이주하였다. 외국인의 지속적인 유입으로 하와이 전체 인구는 계속 증가하여 1910년에는 19만 명, 1920년대 들어 30만 명을 넘어섰다. 반면에 원주민이 차지하는 비율은 1853년 97.1%에서 1900년 25.7%로 대폭 감소했다.[2]

② Robert C. Schmitt, *Historical Statistics of Hawaii*, University Press of Hawai'i, 1977, p.25 참고 (편집자 주: 하와이 원주민(native Hawaiian)과 하와이안 혼혈(part Hawaiian)을 합하여 계산한 수치다.)

아시아에서 이주해온 대부분 계약 노동자들은 주거지를 보장받았고 적은 금액이긴 했으나 월급을 받았다. 계약 기간이 끝난 후에도 거의 고국으로 돌아가지 않고 하와이에 그대로 머물렀다. 일본과 한국 노동자들은 고국에서 사진 신부들(picture brides)을 데려오기도 했지만, 대부분 다른 종족과 결혼하였다. 사탕수수 농장으로 이주한 사람들은 자발적으로 하와이에 왔고 모두 다 똑같이 계약 노동자 신분이었다. 따라서 서열 구분이 없었고 어떤 노동자도 자국의 문화가 우월하다고 생각하지 않았다. 계약 노동자의 유입은 의도하지는 않았지만, 결과적으로 인종 간의 혼혈과 다문화 사회로의 이행을 한 걸음 더 촉진했다.

혼혈의 증가와 다문화 촉진

다문화·다인종을 포용하는 하와이 왕국에서는 인종 간 분리나 차별제도가 없었으며 처음부터 인종 간 접촉과 결혼이 자유로웠다. 하와이 말로 "하파 하올레(hapa haole)" 또는 "하파(hapa)"는 혼혈을 일컫는데 여기에는 부정적 의미가 없다.[3] '바나나', '코코넛' 등으로 비아냥거리며 혼혈을 경멸하고 범죄시하던 미국 본토와 달리 하와이는 우호적인 환경에서 혼혈 자손이 꾸준히 증가했다. 하와이의 마지막 여왕 릴리우오칼라니 자신도 백인과 결혼했다.

③ 편집자 주: 하파(hapa)는 하와이어로 '일부분, 혼혈'을 뜻하며 특히 하파 하올레(hapa haole)는 하와이 원주민과 백인 간의 혼혈을 의미한다. 또한, 하와이 음악 형식에 영어 가사를 붙인 노래를 하파 하올레라고 부르고 여러 식문화가 혼재된 하와이의 퓨전 음식을 하파 푸드(hapa food)로 칭하는 등 '하파'의 용례는 다양하다. 하와이 외부 지역에서 사용할 경우 다소 논쟁적 요소가 있으므로 주의해야 한다.

인종 간 혼혈은 다문화를 촉진했다. 이민 2세대가 타민족과 교제하고 결혼하는 과정에서 여러 다문화가 자연스레 수용되며, 혼혈가족 구성원은 다른 민족의 문화를 무시하거나 자신의 문화가 우월하다는 생각을 지닐 수 없었기 때문이다. 인종 간 혼혈이 가속화되면서 다양한 민족(ethnic) 그룹 간 혼합이 이루어졌다. 그리고 혼혈은 인종이 아니라 친족 관계(kinship)를 중심으로 사회가 발전하는 결과로 이어졌다. 1910년 하와이는 총인구 약 20만 명으로 42%의 일본인, 23%의 백인(포르투갈인 포함), 20%의 하와이 원주민(하와이안 혼혈 포함), 11%의 중국인, 2.4%의 한국인, 그리고 1.2%의 필리핀인으로 구성된

다민족 사회였다. 최근 인구조사에서 하와이 전체 인구의 1/5이 두 인종 이상의 혼혈이며 이는 미국 전체 수치와 비교하면 9배에 해당하는 높은 비율이다.

하와이는 본토에서 추구하는 '인종의 용광로'가 되기에는 이미 여러 다양한 소수민족 그룹이 존재했고 시간이 흐르면서 점차 사회의 주류 집단이라는 개념이 사라졌다. 모두가 소수민족이었고 따라서 여러 색이 함께 어우러지는 "무지개" 모델을 발전시켰다. 이 모델은 동화가 아니라 적응과 조화, 융화를 지향한다. 그리고 문화적 공존은 문화의 융합과 혼종으로 이어졌다.

문화 간 융합과 다문화

혼혈이 늘어나며 인종구별은 약화하고 서로 다른 문화 간 융합이 일어났다. 즉 언어, 음식, 축제, 공휴일 등에 혼합이 뒤따랐다. 포르투갈 콩 찌개, 포르투갈 도넛 말라사다(malasada), 중국 당면, 한국 김치와 육전, 국수 사이민(saimin) 등을 하와이 음식으로 간주하고 포르투갈 이민자가 가지고 온 우쿨렐레는 하와이 특유의 악기가 되었다. 독특한 억양의 사투리인 하와이안 피진 영어(Hawaiian Pidgin English)는 하와이어, 영어, 중국어, 일본어, 포르투갈어가 섞여 만들어져 대표적인 혼종문화를 보여준다. 하와이주 공휴일을 살펴보더라도 원주민 왕족을 기리는 카메하메하 데이(King Kamehameha Day), 쿠히오 데이(Prince Kūhiō Day)를 모든 주민이 기념한다. 하와이주립대학교에는 기와로 지은 한국학센터와 전통 일본 양식으로 꾸민 정원이 있는데 이처럼 건축양식도 여러 문화의 영향을 받았다.

결론적으로 하와이의 다문화는 정책으로 만들어진 결과물이 아니라 이주의 역사 속에서 '자연스럽게' 형성되었다. 하와이 왕국의 다른 민족에 대한 너그러운 태도와 문화 공유, 이와 더불어 사탕수수 농장으로 인해 이주한 다양한 민족과 문화가 한데 어우러져 다문화사회가 빚어졌다. 더욱이 하와이주는 거주하는 모든 민족과 문화에 제도적 차별이나 제재를 가하지 않았기에 정부의 개입 없이 다문화가 주민의 일상 속에 자리 잡았다. 미국 여느 곳보다 하와이에 이민·다문화사회가 큰 규모로 정착할 수 있었던 이유가 바로 여기에 있다.

'지상의 낙원', 하와이

1959년 미국의 50번째 주로 편입된 후 하와이는 본격적인 관광지구로 발전했다. 초기 10년 동안 수십억 달러의 자본이 투자되어 호텔과 콘도미니엄, 대형 쇼핑몰, 골프장 등이 지어졌고 리조트 관광 개발과 인프라의 근대화가 동반으로 가속화되었다. 관광 사업은 1967년에 이르러 하와이 주류 산업이었던 사탕수수와 파인애플 농업을 앞지르며 번창하였다. '지상의 낙원'이라는 명성 아래 국내외 관광객들의 발걸음이 하와이로 끊임없이 이어지고 있다.

    오늘날 미국인들에게 경제적 여유와 무관하게 어디서 휴가를 보내고 싶냐고 묻는다면 단연 1위는 하와이다. 자유와 평등 정신에 기초한 다문화가 일상 속에 스며든 하와이에서는 다양한 먹거리와 문화를 즐길 수 있고 마음이 편안해지며 즐겁기 때문일 것이다. 푸르른 하늘, 찬란한 햇빛, 하늘 높이 걸린 쌍무지개, 눈부신 바다, 깨끗한 공기, 친절한 웃음, 여기에 저녁녘 불어오는 부드러운 바람결까지. 고즈넉한 석양 아래 해변에서 하와이안 칵테일을 마시며 훌라춤을 감상한다면 절로 지상의 낙원에 온 기분이 들 것이다.

이야기해보자
Let's Talk

빅아일랜드의 슈퍼마켓은 어떤가요?

찰스 카네시로
Charles Kaneshiro

간단한 자기소개를 부탁합니다.

코할라에서 태어나 지금까지 빅아일랜드에 살고 있어요. KTA슈퍼스토어(이하 'KTA')에서 25살 때부터 약 30년간 일하다가 얼마 전 퇴직했습니다. 고기 손질하는 일을 했죠.

KTA는 빅아일랜드에만 있는 슈퍼마켓 체인이라고 들었어요.

KTA는 문을 연 지 100년이 넘은 가족회사에요. 1939년 힐로 시내에 처음 지점을 냈고 제가 일했던 카일루아 코나 지점이 1959년 두 번째로 생긴 점포에요. 세 번째 지점은 힐로의 푸아이나코에 있고요. 1980~90년대 지점이 꾸준히 늘어서 현재 빅아일랜드에 7개의 매장이 있어요.

지금은 슈퍼마켓마다 포케 코너가 있지만, 제가 일했던 KTA 카일루아 코나점이 이 섬에서 맨 처음 포케를 팔기 시작한 슈퍼마켓이에요. 1990년쯤 포케 코너를 처음 열었어요.

KTA에서 일하게 된 계기가 궁금해요.

어릴 적부터 여러 일을 했어요. 파인애플 농장이나 사탕수수 농장에서 일하기도 하고 목수 일도 했었죠. 1960~70년대 농장들이 줄어들면서 새로운 일이 필요했어요. 그러다 KTA 와이메아 지점에서 일하던 지인이 고기 자르는 일에 관심 있는지 물어보더라고요. 한 번도 해본 적 없었지만, 막상 일을 배워보니 마음에 들었어요. 닭이나 소, 돼지부터 생선까지 종류를 가리지 않고 썰었죠. 생선도 아히나

꼬치삼치(ono), 만새기(mahi-mahi), 붉평치(moonfish), 청새치(marlin) 등 다양하게 다뤘어요.

오랜 시간 KTA에서 일하셨는데 특별히 기억에 남는 순간이나 사건이 있을까요?

글쎄요. 아, 와이콜로아 지점을 오픈할 때 점장을 제안받아서 1년 정도 해당 지점에서 근무했어요. 집에서 멀었던 탓에 결국 코나 지점으로 다시 돌아왔지만, 개점을 함께하는 경험은 드무니까 기억에 남네요. 성실함을 인정받은 것 같아서 뿌듯하기도 했고요.

다국적 기업이 운영하는 대형 슈퍼마켓이 세계적으로 강세를 보이는데 이곳에서는 다들 KTA를 즐겨 찾는다는 점이 인상적이에요. 지역 마트로서 KTA의 특이점은 무엇인가요?

'마운틴 애플 브랜드' 라벨 제도를 운영하는 등 KTA는 지역 상품을 주목하고 판매하려고 노력해요. 이전에는 신선한 생선을 차별화 전략으로 꾀한 적도 있고요. 지역 어부로부터 생선을 바로 받아서 팔았죠. 반응이 좋아 많은 데서 따라 했어요. 어떤 곳은 신선한 포케를 판다면서 냉동 생선을 쓰기도 하고 고기 빛깔을 유지하기 위해 일산화탄소 처리한 생선을 팔기도 했어요. KTA는 절대 냉동 생선으로 포케를 만들지 않는다는 자부심이 있어요.

이곳 사람들은 주로 어떤 생선을 즐기나요?

아무래도 아히죠. 참치인데 일본에서 주로 먹는 참다랑어(bluefin tuna)와는 종류가 달라요. 아히는 보통 황다랑어(yellowfin tuna)나 눈다랑어(bigeye tuna)를 지칭해요. 하와이 사람들은 옛날부터 풀가라지('ōpelu)나 황다랑어를 많이 먹었어요. 황다랑어는 지방이 적은 편이라 포케나 회로 먹기 좋아요. 아히에 이나모나와 리무, 하와이 바닷소금을 넣고 하와이안 칠리 페퍼 워터만 살짝 두른 것이 고전적인 포케 레시피거든요. (칠리 페퍼 워터는 식초를 섞은 물에 고추를 썰어 넣어 매콤한 맛을 우려낸 하와이 고유의 조미료에요.) 날개다랑어(albacore tuna)도 많이 먹고요. 이 역시 참치의 일종인데 바다 깊은 곳에 살아요. 지방이 많아 회보다는 요리해서 먹기 좋아요.

계절에 따라 판매하는 생선이 달라지나요?

주력 상품이 달라지죠. 물론 제철이 아니어도 구할 수는 있지만, 가격이 비싸요. 조류에 따라서도 잡히는 양이 다르고요. 오노나 황다랑어는 여름에 많이 잡혀요. 겨울에는 눈다랑어가 많고요.

육류는 어떤가요, 주로 어떤 고기나 부위를 즐겨 먹나요?

특정 고기를 선호하기보다 경제적 여건과 가격에 따라 달라지는 것 같아요. 예전에는 소 목둘레살(chuck)이 싸서 스튜나 햄버거를 자주 만들어 먹었어요. 소갈비나 돼지갈비도 저렴해서 데리야키 소스에 구워 많이 먹었고요. 여기서는 소내장(tripe)도 잘 먹어요.

싸고 든든하니 이전부터 이민자나 농장 노동자들이 즐겨 찾았죠. 주로 스튜로 만들어 먹어요. 사실 등심(ribeye) 스테이크 같은 음식은 미국 본토에서 넘어온 거예요. 그리고 각 KTA 지점에서 주로 팔리는 고기를 살펴보면, 인종이나 문화적 배경에 따라서도 선호하는 고기 종류가 달라요. 백인이 자주 찾는 코나 지점은 소고기를 많이 팔고, 아시아계 사람이 많은 힐로 지점에서는 돼지고기나 소꼬리 등이 자주 보여요. 삼겹살을 간장과 식초에 넣고 조리는 아도보(adobo)나 돼지 피와 내장을 끓이는 디누구안(dinuguan)등 돼지고기를 쓰는 필리핀 음식이 많으니까요. 일본이나 중국 사람들은 소꼬리로 탕을 끓여 먹고요.

한국 슈퍼마켓은 보통 오전 9~10시에 영업을 시작하는데 여기는 5시면 열더라고요. 특별한 이유가 있을까요?

직장인들이 보통 아침을 사가요. 식품 코너에 가면 사람들이 아침 5시부터 줄을 서죠. 대부분 건설 현장에서 일하는 사람들이라 7시면 일을 시작해서 아침을 일찍 먹어요. 점심거리나 물, 주스 등 일과 중 필요한 것들을 사두기도 하고요. 빅아일랜드에 마트나 식당이 많은 편은 아니니까 미리 사 들고 일터로 향하는 거예요. 섬이 커서 장거리 이동하는 사람도 워낙 많아 다들 이른 아침에 장을 보죠. 그래서 슈퍼마켓이 보통 아침에 가장 붐벼요.

레이(lei)를 슈퍼마켓에서 흔히 볼 수 있다는 점도 인상적이었어요.

생일이나 졸업처럼 큰 행사 때 모두 레이를 둘러요. 꽃집은 물론이고, 슈퍼마켓이나 학교 앞에서도 레이를 팔죠. 기념할 만한 모든 날에 일상적으로 착용해요.

레이 종류가 다양한데 어떤 레이를 가장 좋아하시나요?

마일레(maile) 레이요. 결혼식 때 신랑이 주로 하는 레이예요. 냄새가 정말 좋아요. 마일레 줄기를 꼬거나 엮어서 만드는데 어떻게 엮는지, 다른 꽃을 섞을지에 따라 모양이 달라져요. 몇 개의 가닥으로 만드는지도 중요하고요. 요즘은 조화로 만든 레이도 많이 쓰더라고요.

빅아일랜드에서 꼭 해보았으면 하는 일도 소개해주세요.

코나 시내에서 코할라 북쪽까지 드라이브하는 코스를 추천해요. 해안도로를 타고 폴롤루 밸리(Pololū Valley)까지 가는 코스에요. 코할라산에서는 마우나케아와 저 멀리 마우나로아까지 볼 수 있어요. 빅아일랜드 동서를 가로지르는 '새들 로드(Saddle Road)'도 드라이브 코스로 좋아요. 마우나케아의 설경이 조금 더 잘 보이죠. 광활한 대지를 달리는 즐거움도 있고요. 힐로에 간다면 레인보우 폭포(Rainbow Falls)나 와일로아 강(Wailoa River)이 둘러보기 좋아요. 아니면 남쪽 하와이화산국립공원으로 분화구나 용암동굴을 보러 가세요.

마지막으로 빅아일랜드에서의 삶은 어떠한지 짧게 정의하여 표현해주세요.

"Nice." 날씨가 좋고, 사람들도 좋아요. 교통은 좀 별로지만요. (웃음)

하와이는 자외선이 강해 잠깐의 외출만으로 피부가 빨갛게 익는다. 사시사철 뜨거운 지역답게 슈퍼마켓이나 지역 상점에서 선크림, 태닝 오일, 젤 등 선케어 제품을 쉽게 찾을 수 있다. 하나 구비해두면 여행 내내 요긴하게 쓰일 것이다. 다만, 옥시벤존과 옥티노세이트는 산호초에 유해하여 이 성분이 들어간 제품은 바닷가에서 사용하면 안 된다는 점도 유의하자.

1 오스트레일리안 골드, 보태니컬 선스크린 SPF 50
Australian Gold, Botanical Sunscreen SPF 50
www.australiangold.com, $14.99

이름과 달리 미국 브랜드로 슈퍼마켓에서 흔히 보인다. 인공적인 달콤한 향이 나는데 큰 거부감은 없다. 백탁 현상이 심하지 않고 제형도 적당하여 무난하게 사용하기 좋다.

2 바나나 보트, 스포츠 퍼포먼스 선스크린 로션
Banana Boat, Sport Performance Sunscreen Lotion SPF 50
www.bananaboat.com, $8.99

부드럽게 잘 스미는 편이고 우리가 그간 접해온 일반적인 선크림 형상에 가깝다. 하와이에서 가장 쉽게 찾을 수 있는 브랜드다. 가격 대비 성능이 나쁘지 않아 자주 발라야 할 때 대용량으로 쟁여두기 좋겠다.

3 마우이 베이비, 어메이징 브라우닝 로션
Maui Babe, Amazing Browning Lotion
mauibabeonline.com, $10.49

이름처럼 마우이에서 시작한 브랜드로 하와이에서 가장 흔한 태닝 로션이다. 쿠쿠이넛 오일, 코나 커피나무 추출물 등 하와이 고유의 재료가 들어간다. 개인차가 있겠으나 태닝 입문자인 슈퍼마켓 편집부는 바르는 즉시 굉장한 따가움을 느꼈으므로 본격적으로 사용하기 전에 살짝 테스트해보길 권장한다. 캐러멜을 태운 듯한 독특한 냄새가 난다.

4 마마 쿠레아나, 리프 세이프 선스크린
Mama Kuleana, Reef Safe Sunscreen
www.mamakuleana.com, $21

하와이 마우이의 브랜드로 환경친화적인 선크림을 선보인다. 해양생태계에 유해한 화학물질은 일절 사용하지 않는 한편 케이스도 생분해성으로 만든다. 백탁 현상이 심하고 굉장히 유분기가 많아 한국의 선크림에 익숙한 사람이라면 당황할 수 있다. 시일이 지날수록 케이스도 기름기에 절어 더욱더 당혹스럽지만, 확실한 워터 프루프 제품이라 서퍼들은 써볼 만하다.

5 하와이안 트로픽, 선스크린 미스트
Hawaiian Tropic, Antioxidant Plus Refresh Sunscreen Mist
www.hawaiiantropic.com, $9.82

스프레이 형식의 선스크린 미스트로 팔이나 다리 등에 바르기 편하다. 찐득거리지 않고 잘 스며드는 편이다. 코코넛 같은 열대과일 향이 난다. 지속력은 조금 약한 편.

6 리틀 핸즈 하와이, 미네랄 선스크린 페이스 스틱
Little Hands Hawai'i, Mineral Sunscreen Face Stick
littlehandshawaii.com, $15.95

하와이 지역 브랜드로 친환경 제품을 자랑한다. 제형이 굉장히 단단하여 물기 마른 찰흙을 만지는 느낌이다. 대부분 무기자차 선크림이 그러하듯 흡수시킨다기보다 피부 위에 얹는 방식으로 사용해서 바르고 나면 얼굴이 굉장히 하얘진다. 지속력이 강해 서퍼들이 좋아하는 제품이다.

7 로 러브, 리프 세이프 선스크린
Raw Love, Reef Safe Sunscreen 4oz
rawlovesunscreen.com, $24.99

마찬가지로 하와이 마우이의 친환경 선크림 브랜드다. 제형은 단단한 편인데 막상 바르면 유분기가 있어서 알맞게 사용하려면 양을 섬세하게 조절해야 한다. 박하 향이 너무 좋고 청량한 느낌을 준다.

8 아일랜드 솝 앤 캔들 워크, 서퍼스 살브
Island Soap & Candle Works, Surfer's Salve
www.islandsoap.com, $3.99

카우아이에서 비누로 유명한 브랜드가 만든 제품으로 햇볕 화상이나 벌레 물린 데, 피부가 건조할 때 바르기 좋다. 다용도로 활용할 수 있는 만능템이다. 라벤더와 티트리 향이 좋다.

설경, 우림, 화산, 초원 등 다채로운 자연환경을 즐길 수 있다고 해서 바다를 빼놓고 빅아일랜드 풍경을 이야기하는 것은 어불성설이다. 사방이 바다로 둘러싸여 있어도 다 같은 바다가 아니고 서퍼들의 사랑방, 스노클링 지점 또는 아이들과 수영하기 편한 곳 등 해변마다 특색이 다르다. 물에 들어가지 않고 구경만 해도 즐겁다. 슈퍼마켓에서 다양한 해변 용품을 저렴하게 구할 수 있으니 저마다의 방식으로 바다를 즐기자.

1 보디보드
   Bodyboard
   $11.97

서프보드부터 보디보드까지 자신의 체형과 취향에 맞는 보드를 골라보자. 서핑할 줄 몰라도 적당한 보드와 함께라면 휴양지 물놀이 기분을 제대로 낼 수 있다.

2 로컬스 레게 슬리파
   Locals Reggae Slippa
   $12

일본 신발 '쪼리'의 변형인 플립플롭을 하와이에서는 '슬리파(slippah)'라고 부른다. 브랜드와 디자인에 따라 다르지만, 5~20달러 내외로 슈퍼마켓에서 쉽게 구할 수 있다. 바닷가뿐만 아니라 하와이 일상에서 필수 아이템이다.

3 마스크 앤 스노클 콤보
   Mask & Snorkel Combo
   $9.44

본격적인 스노클링을 원한다면 전문 장비와 가이드가 필요하나 얕은 곳에서라면 스노클 마스크와 오리발로 충분하다. 가격대별로 다양한 스노클 장비를 가까운 마트에서 구매할 수 있다. 대부분 하와이 스노클링 업체는 안전상의 이유로 풀 페이스 마스크(일체형 스노클 마스크)를 금지하므로 가이드 투어를 계획한다면 꼭 분리형 마스크로 찾아보자.

4 빈티지 훌라걸 비치타월
   Vintage Hula Girl Beach Towel
   $12.98

비치타월은 물놀이 후 몸의 물기를 닦는 데 필요할 뿐만 아니라 해변에 잠시 누울 때, 젖은 물놀이용품을 들고 귀가할 때 유용하다. 슈퍼마켓의 타월 또는 기념품 코너에 다양한 디자인의 비치타월이 있으니 살펴봐도 좋겠다.

이야기해보자
Let's Talk

③

빅아일랜드에서의 삶은 어떤가요?

제니퍼 토르카토
Jennifer Torcato

레이먼드 토르카토
Raymond Torcato

www.instagram.com/bigislandgrill

간단한 자기소개를 부탁합니다.

제니퍼(이하 ㉠): 제니퍼 토르카토입니다. 남편과 식당 '빅아일랜드 그릴(Big Island Grill, B.I.G.)'을 운영하고 있어요. 둘 다 코나 출신이에요. 20분 인근의 같은 병원에서 태어났죠. 우리 아이들도 거기서 낳았고요. 부모님은 중국 출신인데요, 홍콩에서 지내다가 그곳에서 나고 자란 당신 형제들과 함께 약 40년 전쯤 여기 빅아일랜드로 이주하셨죠. 코나 지역에서 30여 년간 중국음식점을 운영하셨어요.

레이먼드(이하 ㉡): 저를 포함하여 외가 식구들은 빅아일랜드에서 나고 자랐어요. 빅아일랜드 그릴은 제 어머니와 새아버지가 2002년에 시작한 식당인데 두 분이 라스베이거스로 옮겨가면서 우리가 이곳을 샀죠. 젠과 저는 식당 생활이 익숙한 가정환경에서 자란 터라 자연스럽게 식당을 물려받았어요. 새아버지가 만들었던 메뉴, 운영방식, 직원 등 대부분 그대로 유지하고 있어요.

빅아일랜드 그릴의 메뉴나 특징이 궁금합니다.

㉡ 메뉴는 크게 두 부류로 나눌 수 있는데요, 하와이 스타일의 플레이트 런치(Plate Lunch) 메뉴와 미국 본토에서 온 손님들을 위한 스테이크, 버거, 피시 앤 칩스 같은 메뉴들이 있어요. 플레이트 런치는 보통 밥과 샐러드가 포함된 일품요리를 칭해요. 구운 돼지고기나 소고기, 삶은 닭고기 등이 같이 올라가죠. 월요일에는 미트로프, 화요일에는 스파게티 등

SUPERMARKET

그날의 스페셜 메뉴도 있어요. 금요일에는 하와이 스타일의 라우라우(laulau, 타로 잎으로 감싸서 찐 고기 요리), 로미 연어 등이 포함된 '하와이안 플레이트(Hawaiian Plate)'를 팔아요.

㉠ 대부분 홈메이드 스타일의 요리를 고수하고 있어요. 브라운 그레이비 소스, 데리야키 소스, 참깨 크림 드레싱 등의 소스나 소시지도 저희가 직접 만들어요. 머드 파이 같은 디저트도 모두 손수 만들고요. 케이터링 서비스도 제공하고 있어요. 결혼, 생일 등 파티를 열고 싶은 분들이 주로 주문하는데 데리야키 소스에 구운 소고기가 가장 인기 있죠.

특히 한국 사람들을 위한 메뉴를 몇몇 추천해주신다면요.

㉡ 데리야키 소고기, 그레이비 소스를 얹은 돼지고기, 또는 생선 요리도 좋겠네요. 지역에서 잡은 신선한 생선을 굽거나 볶아서 밥과 함께 제공해요. 청새치나 황새치 등 그날 들어오는 생선을 사용합니다. 그리고 로코모코요! 로코모코는 다들 좋아하니까요.

아침, 점심, 저녁에는 보통 무엇을 드시는지 궁금해요.

㉡ 집에서도 대부분 직접 요리해요. 스테이크나 연어, 치킨, 샐러드, 면 요리 등 기분 내키는 대로 요리하는 편이에요. 외식보다 집에서 먹는 걸 더 선호해요.

㉠ 어머니와 가까이 살 때는 어머니가 중국 음식이나 샤부샤부 등 음식을 자주 해주셨어요. 아이들은 식당에 오면 로코모코를 먹어요. 여기서는 로코모코를 먹을 수 있다는 걸 아니까요. (웃음)

포케는 어떤가요, 자주 드시나요?

㉡ 주로 색앤세이브 같은 마트에서 사 먹어요. 식당 정식 메뉴에 없지만, 케이터링 서비스 때는 만들기도 하고요.

㉠ 색앤세이브는 다양한 맛의 포케를 팔아요. 선택의 폭이 넓어서 그곳 포케를 좋아하죠. 양파가 들어간 스파이시 아히 포케가 가장 유명해요.

㉡ 고추냉이가 들어간 포케도 맛있어요.

평소 물건을 살 때 주로 어떤 곳을 이용하나요?

㉡ 주로 KTA에 가요. 빅아일랜드 지역 상점이니까요. 색앤세이브나 코스트코(Costco)에도 가끔 가고요. 식당 운영에 필요한 재료, 특히 바나나나

빅아일랜드 그릴 스태프

파파야 같은 과일류는 파머스 마켓에서 사기도 해요. 이 근처 도서관 옆에 있는 파머스 마켓에 자주 가는데 솔직히 이름은 잘 몰라요. 이름이 있는지도 모르겠네요. (웃음) "월요일 휴무"라는 안내판만 봤거든요.

(젠) 세이프웨이(Safeway)도 가끔 가요. 그리고 KTA는 특히 말라사다 사러 아침에 가는 걸 좋아해요. KTA 베이커리 코너가 훌륭하거든요. 혹시 샹틸리(chantilly)라고 들어보셨어요? 미국 본토 사람들도 잘 모르더라고요. 버터크림 같은 건데 이곳 사람들은 샹틸리 케이크나 샹틸리 말라사다를 정말 좋아하고 즐겨 먹어요. 슈퍼마켓이나 유명한 빵집에 가면 꼭 샹틸리 케이크가 있거든요. 한번 먹어보세요.

슈퍼마켓에서는 자주 사는 물건이 있다면 소개해주세요.

(레이) 계란, 우유, 주스, 과일 등을 주로 사죠. 패션프루트, 오렌지, 구아바의 이니셜을 따서 '포그(POG)'라고 부르는데 포그 주스를 좋아해요. 구아바 주스도 좋고요.

구아바 잼이나 팬케이크 믹스 등 구아바가 들어간 제품이 많더라고요. 한국은 구아바가 흔하지 않아서 생경했어요.

(젠) 구아바가 엄청 쉽게 잘 자라거든요. 저희가 예전에 살던 곳 앞에는 구아바 나무가 그냥 자라기도 했어요. 심지도 않았는데 새들이 오가며 씨앗을 흘린 거죠. 쉽게 구할 수 있으니 제품도 많은 것 같아요. 그런데 과일로 먹기보다 주로 제품에 들어가거나 요리를 해 먹는 편이에요.

(레이) 사실 구아바뿐만 아니라 팬케이크 믹스 종류가 엄청 다양한데 현지 사람들은 버터밀크 같은 오리지널 맛을 좋아해요. 저도 그렇고요. 대신 코코넛 시럽을 뿌려 먹는다는 게 조금 다른 점이겠네요.

코나는 커피나 맥주로도 유명하잖아요. 자주 드시나요?

(젠) 코나 커피는 확실히 특별한 부분이 있죠. 그런데 원두를 구매할 때 상표를 잘 보셔야 해요. 어떤 건 코나 커피가 10% 정도만 들어가 있어요. 비싸긴 해도 100% 코나 커피를 찾아보세요. 특히 코나 커피 앤 티(Kona Coffee & Tea)의 커피를 추천해요. 매해 11월에 열리는 코나 커피 문화 축제(Kona Coffee Cultural Festival)에서 상을 받은 적도 있어요. 커피 회사 중에 여러 농장의 커피를 사들여서 섞어 판매하는 곳도 많은데, 여기는 자기 땅에서 재배한 커피만 사용한다고 들었어요.

(레이) 코나 지역의 맥주는 아니지만, 뉴질랜드의 스타인라거(Steinlager)를 개인적으로 좋아하고요. 여기서는 하이네켄(Heineken)을 많이 마셔요.

어디를 가나 태닝 오일이나 선크림 제품이 많이 보이더라고요. 현지인들은 선크림을 잘 바르지 않는다고 하던데 정말 그런가요?

(젠) 어린 친구들은 선크림보다는 태닝 오일을 선호하기도 하죠. 어릴 때는

현지인들에게 인기 있는 식사 메뉴를 소개한다.

사이민 수프: 차슈, 훈툰 등이 올라간 온면 요리

콘비프 해시를 선택한 와플 콤보: 베이컨, 햄, 스팸 등으로 바꿀 수 있으며 포르투갈 소시지도 인기가 좋다.

새우 스캠피 오믈렛: 마늘과 버터에 볶은 새우를 달걀로 말은 후 홈메이드 홀란다이즈 소스를 올린 오믈렛. 사이드로 맨밥이나 볶음밥, 머핀, 토스트 등을 선택할 수 있다.

피시 앤 에그: 그날 들어온 생선을 구워 달걀과 함께 제공한다. 생선 종류는 때에 따라 다르다.

BIG ISLAND

건강보다 외모가 중요하니까요. (웃음) 마트에 관련 제품이 많은 건 대부분 관광객을 위한 거예요. 하와이에 왔으니 햇볕도 쬐고 태닝도 즐겨야죠. 휴가잖아요.

(레이) 반반인 것 같아요. 저는 잘 안 바르는 편인데 요즘은 자외선의 위험성을 다들 이야기하니까 바르는 사람도 많아진 것 같아요.

(젠) 제 가족은 선크림을 항상 사용했어요. 아이들도 발라주는데 최근에는 좀 더 환경친화적인 제품을 쓰려고 노력하고 있어요. 산호초를 보호하기 위해서요. 아이들과 웨스트 하와이 탐사 아카데미(West Hawaiʻi Explorations Academy)에 견학 간 적이 있는데 그곳은 교과과정 중 환경 관련 프로그램이 많거든요. 거기서 선크림을 테스트하고 직접 만들어보는 프로젝트도 하더라고요.

슈퍼마켓에서 레이를 만들 꽃을 판다는 것도 신선했어요.

(젠) 레이는 여기서 전통적인 관습이면서 여전히 일반적인 문화예요. 졸업, 생일, 기념일, 결혼식 때 또는 선물로 자주 주고받아요. 베이비샤워 때도 흔히 선물하는데 이때 주의해야 할 점이 있어요. 임신부에게는 고리 모양이 아니라 열린 형태의 레이를 선물해요. 일종의 미신인데 닫힌 레이가 아이 목에 감긴 탯줄을 연상시켜서 임신부와 아이에게 좋지 않다고 믿거든요.

(레이) 중요한 행사를 위해서 레이를 꽃집에 특별히 주문해요. 평상시에는 직접 만들기도 하고요. 얼마 전 딸의 공연에는 우리가 이 앞에서 왕관꽃(crown flower)을 따다가 만들었어요. 저는 개인적으로 마일레 레이를 좋아해요.

빅아일랜드에서 꼭 해보았으면 하는 일을 소개해주신다면요.

(젠) 저는 서른 살 생일에 패러세일링을 처음 해봤는데 정말 재미있었어요. 흔하게 할 수 있는 활동은 아니니까 해보면 좋을 것 같아요. 케알라케쿠아 베이(Kealakekua Bay)에 가도 좋겠네요. 물이 맑아 아이들과 함께 스노클링 하거나 수영하기 좋은 곳이에요.

(레이) 간단해요, 와이피오 밸리(Waipiʻo Valley), 하푸나 비치(Hāpuna Beach), 그리고 마우나케아에 가세요.

이곳엔 정말 아름다운 해변이 많잖아요. 하푸나 비치를 가장 좋아하시나요?

(레이) 아니요, 관광객이 가기 좋은 곳이라 추천했어요. (웃음) 제가 개인적으로 좋아하는 해변은 여기 근처 오오마 비치(Oʻoma Beach)예요.

(젠) 저는 케카하 카이 주립공원(Kekaha Kai State Park)을 좋아해요. 원래 찾아가는 길이 조금 험해서 사람들이 별로 없었는데 최근에 도로가 정비되어 사람이 늘었어요. 그래도 여전히 조용하고 평화로운 곳이에요. 풍경도 물론 아름답고요.

빅아일랜드를 방문하는 관광객이 지키길 바라는 에티켓이 있다면 알려주세요.

(젠) 요식업계에서는 팁 문화가 상당히 중요해요. 한국이나 일본에는 팁 문화가 없다고 아는데 여기서 팁을 안 주는 것은 굉장히 모욕적인 행동이에요. 보통 15% 정도가 최소라고 생각해요. 서비스가 마음에 들었거나 야외 테이블을 이용했다면 감사의 표시로 더 주는 게 일반적이고요.

(레이) 그런 말이 있잖아요. "대접받고 싶은 대로 대접하라." 상대를 존중하면 상대방도 당신을 존중해줄 거예요.

마지막으로 빅아일랜드에서의 삶은 어떠한지 짧게 정의하여 표현해주세요.

(레이) 가족이 전부죠. "Family is everything." 작은 동네라서 가족과 시간을 보내거나 야외활동을 많이 해요. 여긴 다들 조금은 느린 템포라 느긋해요. 호놀룰루에 살았던 적도 있는데 그곳에서 너무 바빴고 결혼하고는 거기서 가족들과 지내고 싶지 않았어요. 제가 태어나고 자란 곳이니 여기가 편하죠. 제가 어렸을 때 갔던 곳에 아이들을 데려갈 수 있어 좋아요. 우리가 원하는 건 여기 다 있어요.

빅아일랜드 그릴(Big Island Grill, B.I.G.)
75-5702 Kuakini Hwy, Kailua-Kona, HI 96740

디저트만 먹으러 오는 단골들이 있을 정도로 B.I.G. 디저트는 인기가 좋다.
왼쪽부터:
1. B.I.G. 코코넛 아이스크림 파이: 홈메이드 통밀 크래커에 코코넛(haupia, 하우피아) 아이스크림을 얹은 파이
2. 하와이안 머드 파이: 홈메이드 오레오 쿠키에 코나 커피 아이스크림을 얹고 초콜릿 소스와 휘핑크림, 마카다미아넛을 올린 파이
3. 고구마 코코넛 치즈케이크: 통밀 크래커에 고구마를 넣고 구운 후 하우피아 소스를 뿌린 케이크

케알라케쿠아 베이 주립역사공원 (Kealakekua Bay State Historical Park)

쉬는 시간 Let's Take a Rest

~~~~~

빅아일랜드에 즐길 거리가 물놀이밖에 없다는
이야기만큼 아쉬운 소리가 없다.
훌라부터 레이, 하와이안 퀼트, 우쿨렐레와
하와이안 음악에 이르기까지, 풍요로운
자연환경만큼이나 풍부한 문화체험이 우리를 기다린다.
게다가 알로하 셔츠나 지역의 뷰티 브랜드 제품을
판매하는 편집숍까지 둘러보자면 시간이 모자라다.
이도 저도 싫다면 달콤한 디저트 타임은 어떨까.
하우피아 파이나 말라사다에 향긋한 코나 커피 한 잔을
곁들이면 어느새 여행의 피로가 날아간다.
커피에 관심이 많다면 커피 농장에 들러봐도 좋겠다.
벌써 오후 일정이 빼곡히 완성되었다.

폴롤루 밸리(Pololū Valley)

폴롤루 밸리(Pololū Valley)

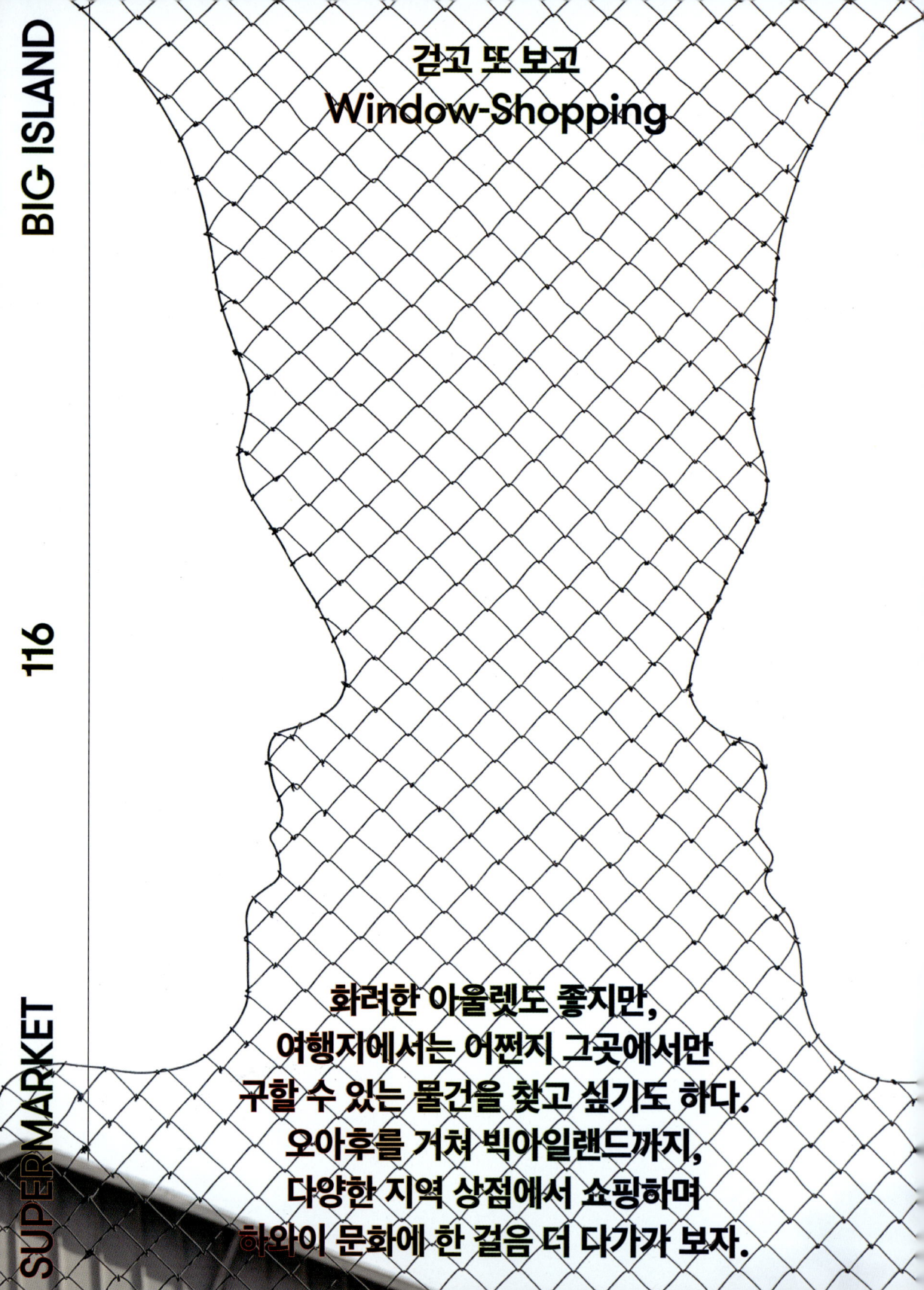

걷고 또 보고
Window-Shopping

화려한 아울렛도 좋지만,
여행지에서는 어쩐지 그곳에서만
구할 수 있는 물건을 찾고 싶기도 하다.
오아후를 거쳐 빅아일랜드까지,
다양한 지역 상점에서 쇼핑하며
하와이 문화에 한 걸음 더 다가가 보자.

로베르타 오크스
Roberta Oaks

2004년 로베르타 오크스가 시작한 브랜드로 호놀룰루 차이나타운에 동명의 가게가 있다. 하와이 전통문화를 현대적으로 재해석한 젊은 감각의 알로하 셔츠는 남녀노소 불문하고 인기가 좋다. 알로하 셔츠뿐만 아니라 원피스, 액세서리, 생활용품 등도 판매한다.

19 N Pauahi St, Honolulu, HI 96817
+1-808-526-1111
www.robertaoaks.com
오전 10시-오후 6시(토요일 오전 10시-오후 4시, 일요일 오전 11시 30분- 오후 4시)

나 메아 하와이
Nā Mea Hawai'i

'하와이의 물건들(Hawaiian Things)'이라는 뜻에서 알 수 있듯이 나 메아 하와이는 다양한 하와이 지역 생산품을 판매한다. 전통 공예품부터 하와이의 언어·역사·문화 관련 서적, 하와이 음악 CD, 지역 브랜드의 화장품, 각종 기념품까지, 구경하다 보면 시간 가는 줄 모르는 마성의 공간이다. 궁금한 점이나 찾는 물건을 이야기하면 호쾌하게 도와주며 하와이 문화를 알리고 지원, 유지하기 위한 노력을 아끼지 않는다.

1200 Ala Moana Blvd Suite 270,
Honolulu, HI 96814
+1-808-596-8885
www.nameahawaii.com
오전 10시-오후 8시
(금, 토요일 오전 10시-오후 9시,
일요일 오전 10시-오후 6시)

코나 베이 북스
Kona Bay Books

빅아일랜드 최대의 독립서점으로 코나에 있다. 아일랜드 내추럴 마켓 앤 델리(Island Naturals Market and Deli) 코나 지점과 주차장을 공유하므로 더불어 구경하기에 좋다. 엄청난 양의 중고서적과 CD, DVD를 판매하여 찬찬히 둘러보면 숨어있는 보물을 찾는 기분이 든다. 문학, 음악, 지리, 신화, 요리 등 부문을 막론하고 하와이 관련 서적들은 별도 코너로 마련되어 한눈에 살필 수 있다.

74-5487 Kaiwi St, Kailua-Kona, HI 96740
+1-808-326-7790
www.konabaybooks.com
오전 10시-오후 6시

하나 호우
Hana Hou

힐로 시내에 있는 의류, 공예 상점이다. 특히 하와이 전통공예 라우할라(lauhala) 방식으로 만든 양질의 가방, 모자로 유명하고 라우할라 관련 워크숍과 컨퍼런스를 적극적으로 후원한다. 그뿐만 아니라 지역 장인들의 다양한 수공예품을 만나볼 수 있다. 팔찌, 귀걸이 등 아기자기한 액세서리가 많아 선물 사기에도 적격인 곳이다.

160 Kamehameha Ave, Hilo, HI 96720
+1-808-935-4555
www.hanahouhilo.com
오전 10시-오후 6시
(토요일 오전 9시-오후 4시,
일요일 휴무)

시그 제인 디자인
Sig Zane Designs

디자이너 시그 제인이 1985년 문을 연 옷가게로 알로하 셔츠가 유명하다. 하와이 자연환경과 토종식물을 응용한 그의 디자인은 하와이 문화의 정수를 담고 있다고 평가받는다. 하와이에서 나고 자란 시그 제인은 어릴 적부터 하와이 자연에서 많은 영감을 받아 자신에게 특별한 의미를 지닌 하와이 문화를 사람들과 공유하기 위해 옷을 만들기 시작했다. 흔히 보아온 알로하 셔츠의 패턴들과는 확실히 다른데 훨씬 기하학적이고 정돈된 느낌이 든다. 알로하 셔츠, 원피스, 스카프, 가방에 이르기까지 하와이 문화를 향한 애정이 곳곳에서 느껴지는 그의 디자인을 놓치지 말자. 앞서 소개한 하나 호우와 도보로 5분 거리에 있다.

122 Kamehameha Ave, Hilo, HI 96720
+1-808-935-7077
sigzanedesigns.com
오전 10시-오후 5시
(토요일 오전 10시-오후 4시, 일요일 휴무)

1 아일랜드 내추럴 마켓 앤 델리
Island Naturals Market and Deli

빅 아 일 랜 드   유 기 농   마 켓   한 눈 에   보 기

소비에 관한 인식이 변화함에 따라 '지역에서 생산·제조한 유기농 제품'을 선호하는 흐름이 형성되고 있다. 하와이에서 유기농 제품 또는 농장을 장려하는 경제적·윤리적 선택은 대부분 지리적 특성에 기인한다. 섬이라는 제한적 환경에서 자연에 유해한 방식은 하와이 농업의 지속가능성과 지역생태계에 부정적 영향을 끼치고 결과적으로 외부 의존도를 높여 대부분 물자를 해외 또는 미국 본토에서 들여오는 악순환을 만들 수 있기 때문이다. 외부 의존도가 높아지면 하와이 내 제품 가격은 오르는 한편 포장 폐기물과 전 세계 탄소 배출량은 늘어나니 모두에게 불리하다. 지역의 유기농 농장과 브랜드를 지원하는 가장 효과적인 방식은 그들의 제품을 소비하는 것이다. 고유한 기후로 다양한 식생이 잘 자라는 빅아일랜드에는 커피, 마카다미아넛, 열대과일 등의 유기농 농장이 많은 편이다. 파머스 마켓에서 신선한 유기농 농산물을 찾아도 좋지만, 전문 매장에서 여러 종류의 유기농 제품을 구경하는 재미도 놓치지 말자.

아일랜드 내추럴 마켓 앤 델리
Island Naturals Market and Deli

빅아일랜드 지역 농산물, 유기농 제품, 건강식품 등을 판매하는 상점이다. 건강이나 지역농업에 관심 있는 주민들이 즐겨 찾는다. 창업자 러셀 루더만(Russell Ruderman)은 건강식품과 유기농에 관심을 두고 1975년부터 관련 산업에 뛰어들어 1998년 힐로에 아일랜드 내추럴 마켓 앤 델리(이하 '아일랜드 내추럴')를 오픈했다. 이들의 철학을 이해하고 좋아하는 사람을 우선 고용하고, 지역 제품을 유통함으로써 지역경제 활성화에 보탬이 되고자 한다. 또한, 친환경 에너지로 매장을 운영하며 일회용 봉투를 사용하지 않는 등 제품 선택부터 경영 방식까지 총체적으로 자연에 유해하지 않은 방향을 추구한다. 현재 힐로, 파호아, 코나에 매장이 있고 지역 특색에 따라 지점마다 판매하는 제품군이 조금씩 상이하다. 매장에서 직접 만드는 샌드위치, 샐러드 등의 식품류와 글루텐 프리(Gluten-Free) 빵류가 특히 유명하다. 식품뿐만 아니라 다양한 건강보조제, 지역 기반의 친환경 화장품을 구경하는 재미도 쏠쏠하다.
www.islandnaturals.com

빅아일랜드의 다양한 꿀, 유기농 초콜릿, 염소젖 치즈, 코나 커피를 비롯하여 여러 토산품이 모여있다. 지역 브랜드의 친환경 화장품도 이곳 구경의 또 다른 묘미다. 선크림, 립밤, 비누, 벌레퇴치제, 마사지 오일 등 종류가 다양하다.

아일랜드 내추럴은 인공방부제와 트랜스지방이 함유되지 않은 제품만 판매한다. 인공착색료·향미료·감미료 무첨가 또는 글루텐 프리 제품도 쉽게 찾을 수 있다. 자연식품을 선호하는 이들에게 폭넓은 선택권을 제공한다.

> 소비자가 직접 구매량을 선택하는 벌크 푸드(bulk food) 코너는 아일랜드 내추럴의 특징을 보여준다. 불필요한 포장과 음식물 낭비를 줄여 친환경 소비를 장려하기 때문이다. 원두부터 곡식류, 견과류, 건과일 등을 판매하고 대부분 미국 농무부 인증 유기농 식품(USDA Organic)이다.

오색찬란 하와이 뷰티 브랜드
Hawaiian Beauty Products

천연자원이 풍부한 하와이에서 지역색을 담은 화장품의 등장은 어찌 보면 당연한 일이다. 화산토, 코코넛, 노니, 쿠쿠이넛, 바닷소금 등 화장품 기능을 향상하는 재료는 물론이고 라벤더, 플루메리아, 망고, 파인애플처럼 매혹적인 향을 더하는 자원도 풍성하다. 전 세계에 알려진 브랜드부터 빅아일랜드 주민에게 사랑받는 소규모 브랜드까지, 하와이의 다양한 뷰티 제품을 소개한다.

1 라니카이, 피카케 미네랄 배스 솔트
    Lanikai, Pikake Mineral Bath Salt
    www.lanikaibathandbody.com, $9.50

피카케 향이 매우 강하고 좋아서 고급 스파숍에 있는 기분을 낼 수 있다. 물에 잘 녹는 편이다.

2 라니카이, 플루메리아 페이스 앤 보디 미스트
    Lanikai, Plumeria Face and Body Mist 2oz
    www.lanikaibathandbody.com, $5.50

라니카이 제품은 오키드 바닐라, 플루메리아, 피카케, 망고, 구아바 등 선택할 수 있는 향의 종류가 다양해서 좋다. 보디 미스트치고 생각보다 유분기가 있는 편이라 여름에는 다소 답답할 수 있지만, 건조한 피부에는 적당하다. 뿌리는 형식이라 다용도로 활용하기 좋고 역시나 플루메리아 향의 매력이 엄청나다.

3 라니카이, 플루메리아 보디로션
    Lanikai, Plumeria Body Lotion 2.2oz
    www.lanikaibathandbody.com, $6.50

일반 로션 향이 더해져 앞선 미스트에 비해 플루메리아 향이 덜하다. 오히려 미스트보다 가벼운 느낌이고 잔여감이 적다.

4 올라 트로피컬 아포서캐리,
    푸아 히비스커스 볼캐닉 마스크
    Ola Tropical Apothecary,
    Pua Hibiscus Volcanic Mask
    www.hawaiianbodyproducts.com, $57.50

활화산의 섬 빅아일랜드의 브랜드답게 화산토를 활용한 마스크 팩이다. 바르고 건조한 후 씻어내는 방식인데 입자가 굉장히 고와서 부드럽게 발린다. 향은 거의 없고 전반적으로 매우 고급스럽다.

5 호누아, 모아나 리쥬브네이팅 페이스 마스크
    Honua, Moana Rejuvenating Face Mask
    www.honuaskincare.com, $40

푸아 히비스커스 볼캐닉 마스크와 유사하게 씻어내는 형식의 마스크 팩이다. 하와이어로 바다를 뜻하는 단어 '모아나(moana)'에서 추측할 수 있듯이 해조류 등이 함유되어 있는데 향은 이파리를 짓이긴 늪 같은 냄새에 가깝다. 냄새가 독특하다. 제형은 수분크림 같아 굉장히 잘 스며든다.

6 알로하테라피, 님 시드 오일
    Alohatherapy, Neem Seed Oil
    www.alohatherapy.net, $7.99

빅아일랜드 브랜드로 하와이 식물을 활용한 오일, 밤 종류의 제품을 만든다. 님 시드 오일은 발림성 자체는 촉촉하고 좋은데 견과류의 비릿함 같은 냄새가 강하게 나서 사람에 따라 역하다고 느낄 수 있다. (슈퍼마켓 편집부 모두 경악했다.)

7 비 치 오가닉 아포서캐리, 틴트 밤
    Bee Chi Organic Apothecary,
    Tinted Balm (Rose+Gold Natural Shimmer)
    www.beechiorganics.com, $20

입술, 볼, 눈가 등에 바르는 틴트 밤이다. 색상이 다양한데 로즈+골드는 펄이 들어간 베이지 톤의 제품이다. 오가닉 제품이라 그런지 피부 자극이 별로 없고 펄이 예쁘게 펴져서 자연스러운 화장을 선호한다면 추천! 피부 톤이 어두운 사람에게 잘 어울린다.

8 말리에 오가닉스, 코케에 보디크림 미니
    Mālie Organics, Kōke'e Body Cream Mini
    www.malie.com, $16

말리에 오가닉스는 고급 호텔, 리조트의 어메니티로 쓰이며 널리 알려졌다. 피카케, 코케에, 히비스커스 등 특징적인 향으로 유명하며 그중 코케에는 마일레 줄기를 중심으로 한 달콤한 수풀 향으로 인기가 좋다. 보디크림은 일반적인 크림과 보디버터의 중간 제형으로 약간 쫀쫀한 편이다. 미니 제품은 용기가 사용하기 다소 불편한 디자인이라 조금 아쉽다.

9 말리에 오가닉스, 플루메리아 뷰티 오일
    Mālie Organics, Plumeria Beauty Oil
    www.malie.com, $45

라니카이의 플루메리아 향과 비교하면 훨씬 더 달콤하다. 살구 같은 과일 향이 많이 섞인 느낌이라 은은하다기보다 굉장히 고급스러운 쪽에 가깝다. 오일치고는 가벼워 머리카락 등에 고루 바르기 좋다.

BIG ISLAND SUPERMARKET

10 아일랜드 에센스,
볼캐닉 차콜 페이스 앤 보디 마스크
Island Essence,
Volcanic Charcoal Face & Body Masque
www.islandessence.com, $10

씻어내는 형식의 마스크 팩으로 약간의 유분기가 느껴진다. 화산토보다 숯가루 느낌이 훨씬 강하고 골고루 부드럽게 발린다. 다른 마스크 팩들과 비교하면 고급스러운 느낌은 덜하지만, 저렴한 가격을 고려해서 한번 써볼 만하다.

11-13 아일랜드 에센스, 마우이 미라클 오일 트리오
Island Essence, The Maui Miracle Oil Trio
www.islandessence.com, 3개에 $19

11 쿠쿠이넛 너리싱 오일
Kukui Nut Nourishing Oil

셋 중 가장 유분기가 있고 타마누넛 오일보다 더 달콤한 향이 난다. 평상시에 사용하기에 유분기가 조금 부담스럽지만 잘 갈라지는 손톱이나 머리카락 끝에 바르기 좋다.

12 타마누넛 힐링 오일
Tamanu Nut Healing Oil

코코넛 오일보다 유분기가 느껴지고 미끈거린다. 피부 보습을 위해 사용하기 좋고 달고 고소한 향이 난다.

13 코코넛 수딩 오일
Coconut Soothing Oil

투명하고 가벼워서 오일보다 에센스 느낌에 가깝다. 햇볕 화상이나 면도 후 피부 진정 등에 효과적이다. 무난한 코코넛 향이 난다.

14 올라 트로피컬 아포서캐리, 라바 핏 하와이안 풋 밤
Ola Tropical Apothecary,
Lava feet Hawaiian Foot Balm
www.hawaiianbodyproducts.com, $13

주로 슬리파나 맨발 차림으로 다니는 하와이 사람들을 위한 제품이다. 바셀린보다 조금 더 꾸덕꾸덕한 느낌으로 발꿈치나 팔꿈치, 무릎 등에 바르기 좋다. 약간의 피부 진정 효과도 있다. 마치 막 생강을 깐 듯한 매우 강한 생강 향이 난다.

15 레슬리스 내추럴스, 푸아케니케니 비누
Leslie's Naturals, Puakenikeni Soap
www.instagram.com/lesliesnaturals, $6.69

친환경 재료를 이용하여 만든 비누로 망고 향이 난다.

16 아일랜드 내추럴 마켓 앤 델리,
페퍼민트 에센셜 오일
Island Naturals Market and Deli,
Peppermint Essential Oil
www.islandnaturals.com, $8.89

유기농 제품을 판매하는 아일랜드 내추럴 마켓 앤 델리의 자체 제품이다. 페퍼민트 향이 굉장히 강하여 청량하고 상쾌하다. 약간 묽은 느낌이 있으나 일반적인 오일과 크게 다르지 않다.

17 하나레이, 슈가 립 스크럽
Hanalei, Sugar Lip Scrub
www.hanaleicompany.com, $25

하나레이는 립밤, 립 스크럽 등 입술 관련 제품이 유명하다. 이국적인 온실에서 느낄 법한 달콤한 향이 기분 좋게 만든다. 일반적인 립 스크럽 제품보다 훨씬 부드럽고 각질 제거 효과도 좋다.

18 낫 소 샤이, 코나 커피 언더아이 롤러볼
Not So Shy, Kona Coffee Undereye Rollerball
www.instagram.com/notsoshy_sunbutta, $13.29

빅아일랜드의 핸드메이드 브랜드로 주로 기초 화장품을 만든다. 다크서클 완화를 위해 눈 밑에 굴려 바르는 세럼 제품이다. 커피 향이 나고 가볍게 발린다.

19 마나 아티잔 보타닉스, 헴프 허니
Mana Artisan Botanics, Hemp Honey
manabotanics.com, $40

미국에는 CBD오일(의료용 대마 오일)을 함유한 화장품·식품이 다양하게 있다. CBD오일은 통증 완화, 피부 진정 등에 효과가 있는 것으로 알려져 있다. 헴프 허니는 하와이 꿀에 CBD 성분이 들어간 제품이다.

SUPERMARKET 133 BIG ISLAND

10

11 12

14

13

15

16

17

18

19

이야기해보자
Let's Talk

하와이의 음악은 어떤가요?

노엘라니 수가타
Noelani Sugata

www.noelanisugata.com

간단한 자기소개를 부탁합니다.

제 이름은 노엘라니 수가타에요. 코나에서 나고 자랐고 하와이 대학교 마노아 캠퍼스에서 커뮤니케이션을 전공했어요. 이후 주로 비영리 단체에서 마케팅 관련 업무를 맡아 해왔습니다. 오아후에서 9년 정도 일했고 마우이에서 4년 일한 후 고향으로 돌아왔어요. 지역 사람들에게는 자신만의 이야기가 있어요. 그걸 표현하는 데 약간의 도움이 필요할 뿐인데 제가 도울 수 있을 것 같아서 고향으로 돌아온 거예요. 현재 코나에서 가족들과 살고 있어요.

하와이안 뮤지션 칼라니 페아 (Kalani Pe'a)와도 일한 적이 있다고요.

칼라니가 2016년에 발매한 "E Walea" 앨범의 디지털 마케팅을 담당했어요. 그의 프로듀서이자 매니저인 앨런 쿨(Allan Cool)과 제가 함께 일하고 있었거든요. 그래미 어워드(Grammy Awards) 수상을 위해 마케팅 캠페인을 진행했어요. 그래미 어워드에서 하와이안 음악은 "최고의 지역 음악 앨범(Best Regional Roots Music Album)" 카테고리에 해당하는데 북미 원주민, 폴카, 자이데코, 케이즌 음악 등과 경쟁해야 해요. 우리는 칼라니의 앨범을 본토 사람들에게 어떻게 들려줄지 고민했죠. 그래미 어워드 투표권을 가진 사람들은 하와이에 살지 않거든요. 텍사스나 포틀랜드, 시애틀에 살아요. 일상에서 마주치기 어려운 사람들에게 음악을 전달해야 했어요. 그래서 페이스북을 통해 노래를 알렸고 성공적으로 수상했어요. 2017년에

나 호쿠 하노하노 어워드(Nā Hōkū Hanohano Awards, 이하 '호쿠 어워드')에서 "올해의 컨템포러리 앨범(Contemporary Album of the Year)"도 수상했어요. 호쿠 어워드는 '하와이의 그래미 어워드'라 불리는 권위 있는 시상식인데요, 이로써 칼라니는 동일 앨범으로 그래미 어워드와 호쿠 어워드를 동시에 수상한 최초의 아티스트가 되었어요.

사실 한국에서 하와이 음악은 조금 생소한 편이에요. 어떤 음악을 '하와이 음악'이라고 하나요?

가사가 하와이어라면 하와이 음악이라 할 수 있겠죠. 그래미 어워드에서는 가사가 있는 경우 "최고의 지역 음악 앨범"으로 지명되려면 앨범의 절반 이상이 하와이어 노래여야 해요. 예를 들어 11곡이 수록된 앨범이라면 최소 6곡은 하와이어 가사로 이루어져 있어야 하죠. 또는 하와이 출신의 뮤지션이 하는 음악도 하와이 음악이라고 생각해요. 아누헤아(Anuhea)를 예로 들어보죠. 그녀는 하와이어로 노래하기도 하지만, 영어 노래도 부르거든요. 그럼에도 그녀는 제게 하와이 뮤지션이에요. 하와이안 팔세토 창법인 레오 키에키에(leo kiʻekiʻe)가 돋보이는 음악을 하와이 음악이라고 할 수도 있고요. 예전에는 남자들만의 창법이었지만, 요즘은 여자도 팔세토 창법으로 부를 수 있어요. 그리고 슬랙키(slack-key) 기타 음악도 하와이 음악으로 여겨져요. 호쿠 어워드에 "올해의 슬랙키 앨범(Slack Key Album of the Year)" 부문이 따로 있을 정도니까요.

칼라니 외에 당신이 좋아하는 하와이 뮤지션들을 소개해줄 수 있을까요?

마빈 테바가(Marvin Tevaga)를 좋아해요. 그리고 여기 코나 출신의 키미에 마이너(Kimié Miner)요. 에이미 길리엄(Amy Gilliom)나 조쉬 타토피(Josh Tatofi), 호오케나(Hoʻokena), 마일라니(Mailani)도 소개하고 싶네요.

이들 노래 중에 특별히 좋아하는 곡이 있다면요.

칼라니 노래 중에서는 "Kuʻu Poliʻahu"가 좋아요. 하와이 신화에 나오는 여신 폴리아후(Poliʻahu)에 자신의 어머니를 비유한 곡이에요. 마빈의 "O Kou Aloha"도 좋아하고요. 키미에는 얼마 전에 엄마가 되었는데 아이를 위해서 자장가 모음집 "Hawaiian Lullaby"를 만들었어요. 이 앨범에서 그녀가 부르는 "You Are My Sunshine"이 참 좋아요. 호오케나가 부른 "Kūhiō Bay"도 좋아해요. 예전부터 전해 내려오는 전통 음악인데 힐로에 있는 쿠히오 베이의 아름다움을 노래하는 곡이죠. 하와이 뮤지션들은 중요한 장소, 사건, 사람에 관해 곡을 만들거든요. 마일라니의 "He Aloha Keʻei"도 코나의 케에이라는 자신이 가장 좋아하는 장소에 관한 곡이에요.

이제 "슈퍼마켓" 이야기를 해볼까요. 아침, 점심, 저녁에는 보통 무엇을 드시는지 궁금해요.

주로 밥이랑 샐러드 또는 생선을 먹어요. 다양한 음식을 해 먹어요. 어머니 음식 솜씨가 좋거든요. 코할라에 있는 가족이 농장을 가지고 있어서 소, 돼지를 잡아 고기나 소시지로 만들어 먹기도 해요. 마트에서 살 수도 있지만, 제 가족은 말 그대로 직접 만들어 먹죠. 몇 대째 그렇게 하고 있어요.

평소 물건을 살 때는 주로 어떤 곳을 이용하나요?

KTA슈퍼스토어에 자주 가요. 오래된 곳이기도 하고 지역 사람들이 찾는 물건들이 잘 갖춰져 있어요. 저는 스팸 무스비, 치킨 볼, 플레이트 런치나 포케 등을 사는 편인데 KTA는 지점마다 파는 품목이 조금씩 달라요. 제 아버지는 KTA 힐로 지점에 가면 찹쌀떡을 사 오는데요, 그건 그 지점에서만 살 수 있어요. 투 레이디스 키친(Two Ladies Kitchen)이라는 힐로의 제과점에서 가져오는 것이라 다른 지점에서는 찾아보기 힘들어요.

슈퍼마켓에서 어떤 물건을 사는지 더 소개해주세요. 팬케이크 믹스, 커피, 맥주 등등 무엇이든 좋아요.

하와이안선의 초콜릿 마카다미아넛 팬케이크 믹스를 좋아해요. 구아바 맛도 괜찮고요. 같은 브랜드의 릴리코이 젤리랑 함께 먹으면 좋아요.

음료는요, 맥주나 커피는 안 드세요?

맥주는 하이네켄을 많이 사요. 사실 빅아일랜드에 양조장이 여럿인데

올라 브루(Ola Brew)가 유명해요. 슈퍼마켓에서도 제품을 쉽게 찾을 수 있죠. 거기서 나오는 진저 하드셀처(Ginger Hard Seltzer)를 좋아해요.

빅아일랜드에서 꼭 해보았으면 하는 일도 소개해주세요.

푸우호누아 오 호나우나우 국립역사공원(Puʻuhonua o Hōnaunau National Historical Park)에 가보세요. 도피성(City of Refuge)이었던 곳이에요. 훌리헤에 궁전(Huliheʻe Palace)도 추천해요. 과거 하와이 왕족의 휴가지였는데 지금은 박물관으로 쓰이고 있어요. 해변 중에는 매직 샌드 비치(Magic Sand Beach)를 추천해요. 그리고 화산국립공원도 빼놓을 수 없죠. 요즘은 용암이 잘 보이는 때가 아니라 아쉽네요. 시간이 허락한다면 북쪽 코할라 지역에 가봐도 좋겠어요. 카메하메하 1세의 조각상이 거기 있는데 작고 예쁜 동네예요.

그럼 빅아일랜드를 방문하는 관광객이 어떤 에티켓을 갖추면 좋을까요?

주변 환경에 신경 쓰길 바라요. 만약 네 시에 닫는다는 표지판이 공원에 있다면 정말 네 시에 닫아요. 당신 차는 그 안에 갇히게 될 거예요. 또 대중에게 개방되지 않는 장소도 있어요. 멈추라는 표시가 있으면 멈추고 돌아가세요. 주변 환경에 유의하고 사유지에서는 특히 조심해야 해요. 그리고 저라면 지역 부티크에 가서 이곳의 디자이너들에게

도움이 되는 소비를 하겠어요. 오아후의 마나올라(Manaola)나 힐로에 있는 심플 시스터즈(Simple Sisters), 시그 제인(Sig Zane) 브랜드 등을 추천해요.

마지막으로 빅아일랜드에서의 삶은 어떠한지 짧게 정의하여 표현해주세요.

"근면함(hardworking)"이요. 빅아일랜드가 크다 보니까 다들 출퇴근 거리가 멀어요. 부지런히 일찍 일어나고 열심히 일하죠. 직업의식이 투철하고 서로 도와야 한다는 의식도 강해요. 우리는 용암 가까이 살잖아요. 허리케인도 자주 오죠. 자연재해가 잦은 지역에서 살다 보면 서로 도울 수밖에 없어요.

SUPERMARKET

노엘라니가 좋아하는 식당 코나 인(Kona Inn)의 해피 아워. 오징어 튀김과 마이 타이.

슈퍼플렉스 100%
코나 커피 시음기

빅아일랜드의 존재를 '코나 커피'로 알게 된 사람들이 있을 만큼 코나 커피는 세계적으로 유명한 존재다. 코나 커피는 말 그대로 빅아일랜드 서편에 위치한 코나 지역에서 생산하는 커피다. 커피 농장이 모여있는 '코나 커피 벨트'는 무역풍의 바람받이가 되는 섬의 동북부 지역과 달리 바람그늘에 해당하여 기후가 건조하고 따뜻하다. 사실 1828년 처음 코나에 커피나무를 심은 이후에도 약 160년간 커피 재배는 사탕수수에 밀려 크게 활성화되지 못했다. 그러다가 1990년대 커피가 대중의 인기를 얻고 재배면적이 늘어나면서 코나 커피도 알려지기 시작했다. 건기와 우기가 뚜렷한 기후, 높은 농장의 고도 그리고 비옥한 화산토의 영향으로, 은은한 꽃과 과일 향을 풍기며 부드럽고 산뜻한 풍미를 자랑하는 코나 커피가 탄생하였다. 일부 사람들은 코나 커피를 자메이카의 블루 마운틴, 예멘의 모카와 더불어 세계 3대 커피라고 칭한다.

아무래도 미국의 높은 인건비와 상대적으로 제한적인 재배면적 탓에 코나 커피는 고가에 속하는데 커피를 살 때 라벨을 특히 눈여겨보아야 한다. 코나 로스트(Kona Roast)나 코나 스타일(Kona Style)은 코나 커피가 아니다. 코나 블렌드(Kona Blend) 또는 '100% 코나 커피'라고 적혀있어야 코나에서 생산한 커피 즉, 코나 커피가 들어간 제품이다. 코나에서 재배한 커피가 최소 10% 이상 들어가야 '코나 블렌드'라고 표기할 수 있고 함량도 퍼센트(%)로 명기해야 한다. 코나 블렌드 제품은 비교적 저렴하지만, 우리는 100% 코나 커피 제품만을 찾아 하와이 커피의 향미를 오롯이 비교해보았다.

빅아일랜드에는 많은 커피 브랜드가 있다. 슈퍼마켓에서 흔히 보이거나 접근성이 좋은 브랜드 위주로 "100% 코나 커피 원두"를 구매했다. 모두 동일한 조건으로 커피를 내려 마셨다.
* 클레버 드리퍼를 이용, 물 250g, 온도 90°C, 원두 20g, 중간 분쇄, 뜸들이기 없이 3분 우린 뒤 1분 추출.

서로 다른 입맛의 4인이 커피를 마셨다!
(평소 선호하는 커피 스타일은?)

 산미가 풍부하고 기승전결 균형 잡힌 커피를 좋아한다.

 보디감이 묵직한 커피를 선호한다.

 커피 맛을 잘 모른다. 보통 커피를 보리차처럼 연하게 마신다.

 플로럴하고 산뜻한 커피를 찾는다.

라이언 커피, 하와이안 라이언 24K 골드 로스트 (라이트-미디엄 로스트)

Lion Coffee, Hawaiian Lion 24K Gold Roast (Light-Medium Roast)
www.lioncoffee.com, 7oz, $17.99

1864년 오하이오주에서 시작하여 1979년 오아후로 옮겨온 라이언 커피는 하와이에서 흔히 보이는 커피 브랜드 중 하나다. 제품이 굉장히 다양한데 클래식(Classic, 빨강), 플레이버 오브 하와이(Flavors of Hawaii, 파랑), 하와이안 라이언(Hawaiian Lion, 금색), 라이언 디캐프(Lion Decaf, 검정) 등 라벨 색상으로 특징을 구분한다. 한국에서는 코코넛, 바닐라 마카다미아 등의 향을 가미한 '플레이버 오브 하와이' 제품군이 인기가 좋다. '하와이안 라이언'이 100% 하와이산 원두로만 이루어진 커피로 코나 커피를 원한다면 금색 라벨부터 찾자.

로열 코나 커피, 프라이빗 리저브 (미디엄 로스트)

Royal Kona Coffee, Private Reserve (Medium Roast)
www.royalkonacoffee.com, 7oz, $19.49

하와이 커피 컴퍼니(Hawaii Coffee Company) 소속으로 라이언 커피의 자매 브랜드. 1969년 문을 연 로스터리로 함량이 조금씩 다르긴 하지만, 브랜드 이름에 걸맞게 '코나 커피'만을 판매한다. 피베리, 싱글 에스테이트(단일 농장에서 수확한 커피로만 구성한 제품), 내추럴(건식으로 정제한 커피) 등 100% 코나 커피 제품 안에서도 종류가 다양한 것이 특징이다. 그중 인기 있는 '프라이빗 리저브'는 가장 우수한 원두로만 구성한 제품이다.

★ 맛있다, 나의 원픽은 이것!

A 깔끔하다. 산미가 강한 커피를 선호하는데 코나 커피 자체가 산미가 덜한 것 같아 개인적으로는 조금 아쉽다.
B 하와이에서도 느꼈는데 코나 커피는 약간 찝찌름한 맛이 있다. 그럼에도 산미와 보디감이 적당하여 마음에 든다. 보디감이 끝까지 유지되어 좋다. ★
C 은은한 산미가 좋다. 로스팅 정도가 미디엄인데 그에 비하면 약간 다크 로스팅처럼 쓴 느낌이다.
D 캐러멜 향이 아주 약하게 난다. 전반적으로 묵직한데 끝맛은 싱그러워 좋다. ★

A 단맛이 살짝 감돌고 무난하다.
B 라이언 커피보다 풍미가 덜하다. 균형 잡힌 맛이 아니고 쓴맛이 강하다.
C 매일 마시기에는 무난하니 괜찮다. 산미는 별로 없고 고소한 편이다.
D 밍밍하다. 앞선 라이언 커피와 비교하자면 신맛과 향미가 빠진 느낌이다.

멀바디, 100% 코나 커피
(미디엄-다크 로스트)

Mulvadi, 100% Kona Coffee
(Medium-Dark Roast)
mulvadi.com, 7oz, $18.29

멀바디는 독특하게도 코나 커피뿐만 아니라 팬케이크 믹스, 꿀, 버터 스프레드 등 하와이 식품을 다양하게 유통하는 브랜드다. 커피 제품군에는 100% 코나 커피와 10% 코나 블렌드 가향커피가 있다. 동결건조한 인스턴트 코나 커피는 멀바디의 주력 상품으로 어디서든 편하게 타 마실 수 있어 한국에서도 인기가 좋다.

하와이안 클라우드 포레스트 커피,
하마쿠아 오가닉 커피
(미디엄 로스트)

Hawaiian Cloud Forest Coffee, Hamakua Organic Coffee (Medium Roast)
www.hawaiiancloudforestcoffee.com,
8oz, $17.50

(이중 유일하게 '코나 커피'가 아니다.) 세계적으로 코나 커피가 가장 유명하지만, 하와이 다른 섬이나 빅아일랜드 내 다른 지역에서도 커피를 재배한다. 빅아일랜드 커피 재배량의 95%를 코나 커피가 차지하고 나머지 5%는 남쪽의 푸나, 카우 또는 북쪽의 하마쿠아 지역에서 나온다. '하와이안 클라우드 포레스트 커피'는 마우나케아 북쪽 산자락 하마쿠아에서 커피를 재배한다. 산에서 내려온 서늘한 공기가 커피열매 익는 속도를 늦춰주어 결과적으로 부드럽고 은은한 커피가 탄생한다. 유기농 식품으로 미국 농무부 인증을 받았고 몇몇 하와이 유명 레스토랑에서 이곳 커피를 쓴다.

- Ⓐ 탄 맛이 처음에 강하게 느껴지고 중반부터는 맛이 비어있다.
- Ⓑ 탄 맛밖에 안 난다. 향미도 보디감도 느껴지지 않는다.
- Ⓒ 독특하다. 짚을 태울 때 나는 스모키한 향이 난다. 뒷맛은 오히려 깔끔한데 내 취향은 아니다.
- Ⓓ 마일드한 스타벅스 커피 맛 같다. 신선한데 인상적이지는 않다.

- Ⓐ 구수하다. 전반적으로 균형이 잘 잡혀있고 약간의 산미도 좋다. 뒷맛도 은은하다. ★
- Ⓑ 산미가 적당히 있으나 보디감은 약하다. 깔끔하다.
- Ⓒ 코나 커피의 특별함을 잘 모르겠다. 한국인이라면 이 커피를 더 좋아할 것 같다. 캐러멜 향의 여운이 좋다. ★
- Ⓓ 내 취향은 아니지만, 맛있는 커피다. 누룽지 같은 구수함이 있다.

코나 조 커피, 피베리 (미디엄 로스트)

Kona Joe Coffee, Peaberry (Medium Roast)
www.konajoe.com, 8oz, $65

1994년 조와 디파 티아레 알반(Joe & Deepa-Tiare Alban) 부부가 문을 연 농장으로 커피 재배에 세계 최초로 트렐리스(trellis)를 도입하며 특허까지 받았다. (트렐리스는 보통 덩굴 식물을 키울 때 사용하는 격자 구조물로 커피나무의 일조량을 높이고 통풍을 돕는다.) 코나 조의 다른 커피도 훌륭하지만, 이번에는 특별히 '피베리(Peaberry)' 제품을 골라보았다. 코나 커피에서 종종 '피베리' 라벨이 보이는데 투박하게 이야기하면 돌연변이 커피콩이다. 보통 씨앗이 두 개씩 들어 있는 커피열매에서 씨앗이 하나만 나오면 이를 '피베리'라고 부른다. 두 개의 씨앗으로 나눠질 영양분을 하나가 다 먹고 자라 카페인과 맛, 향이 더 풍부하다고 알려져 있으나 아직 과학적으로 명확히 밝혀진 바는 없다. 피베리가 나올 확률이 5% 정도로 낮고 커피콩 크기가 작아 정제하는 데 손이 더 많이 가서 보통 원두보다 월등하게 비싸다.

코나 커피 앤 티, 말리아 오하나 (미디엄-다크 로스트)

Kona Coffee & Tea, Malia Ohana (Medium-Dark Roast)
www.konacoffeeandtea.com, 7oz, $29

볼턴(Bolton) 가족이 1998년 8만m²의 땅에 아라비카 커피나무를 심으며 시작한 브랜드다. "우리의 농장에서 당신의 컵으로(From Our Farm to Your Cup)"라는 슬로건에 걸맞게 싱글 에스테이트(single-estate) 즉, 자신의 농장에서 키우고 볶은 커피콩만 판매한다. 코나 커피 문화 축제를 비롯하여 여러 커피 축제·대회에서 수상하였으며 코나에서 오프라인숍도 운영한다.

Ⓐ 처음에 산미가 약간 느껴지는데 뒤로 갈수록 맛이 조잡하다. 내가 선호하지 않는 맛이다.
Ⓑ 원두에서 과일 향이 나서 기대했는데 막상 내려 먹으니 별로라 실망이다. 찝찌름하다.
Ⓒ 과일의 단맛이 약간 느껴지긴 한다. 흙냄새라고 해야 하나 독특한 향이 있다. 다른 방식으로 내려 마시면 달라질지 궁금하다.
Ⓓ 산미가 있는데 입안에 기분 좋게 퍼지는 신맛은 아니다. 건어물에서 느끼는 짭짤함이 있다.

Ⓐ 하와이에서 커피를 마실 때 느낀 찝찔한 맛이 여기서도 난다. 끝맛은 깔끔한데 중간이 텁텁하다기보다 답답하다.
Ⓑ 묵직한데 무난하다. 다양한 맛이 어딘가에 골고루 숨겨져 있는데 그게 끝까지 나오지 못하고 막혀있는 느낌이다.
Ⓒ 전체적으로 밋밋하다. 평소에 깔끔하게 먹기에 좋지는 않다. 내 취향은 아니다.
Ⓓ 텁텁한 느낌은 덜한데 그렇다고 크게 특색 있지는 않다. 산미는 약간 있다.

코나 커피 앤 티
Kona Coffee & Tea

74-5588 Palani Rd, Kailua-Kona, HI 96740

2014년 문을 연 코나 커피 앤 티 오프라인숍에서는 커피뿐만 아니라 간단한 음식과 차 등을 판매한다. 커피 메뉴로 에스프레소, 아메리카노, 라떼, 카푸치노 등이 있고 푸어 오버 커피를 선택하면 원두의 로스팅 정도를 고를 수 있다. 코나 시내에 있고 아침 일찍 영업을 시작하여 하루를 시작하며 들리기 좋다.

1   콜드브루
     Cold Brew
     12oz, $4.50

커피 특유의 쓰거나 떫은 맛이 없고 부드럽고 청량하다. 한국의 콜드브루와는 확연히 다르고 약간 찝찔하며 밍밍하다.

2   푸어 오버/미디엄 로스트
     Pour Over/Medium Roast
     12oz, $6

묵직한 보디감은 없지만, 적당히 마일드해서 좋다. 플로럴보다 견과류 느낌에 가깝다. 한국 사람들이 좋아하는 커피 정도로 산미가 있는데 코나 커피만의 특색은 잘 모르겠다. (이것보다 아메리카노가 더 맛있었다는 후문)

3   코나 블릿
     Kona Bullet
     16oz, $6

드립 커피에 코코넛 오일과 버터를 넣었다. 버터가 들어가서인지 커피보다 밀크티 느낌에 가깝다. 약간 산뜻하기도 한데 이 역시 전반적으로 밍밍하다. 코나 커피 앤 티의 스페셜 메뉴인데 추천하기 어렵게 독특하다.

4   플랫 화이트
     Flat White
     8oz, $4.25

우유가 들어가면서 커피 맛이 더 진해진 느낌이다. 끝맛은 약간 쌉싸래한데 고소하고 맛있다. 하와이는 한국과 비교하면 카페 문화가 발달하지 않아서인지 유명세와 별개로 코나 커피만의 특색을 느끼기가 어렵다.

코나 조 커피 농장
Kona Joe Coffee Farm

79-7346 Mamalahoa Hwy,
Kealakekua, HI 96750

빅아일랜드 서쪽 '코나 커피 벨트' 지역에 약 600여 개의 커피 농장이 있다고 알려져 있다. 대규모로 이뤄지는 커피 재배의 현장을 한눈에 조망하기란 쉽지 않지만, 다수의 커피 농장이 '투어'라는 이름으로 체험 프로그램을 운영한다. 헬리콥터를 타고 커피밭 둘러보기, 로스트 마스터와 함께 직접 커피콩 볶기, 커피나무 살펴보기, 다양한 커피 시음하기 등 크고 작은 이벤트가 방문객을 기다린다. 규모나 종류에 따라 무료로 또는 저렴하게 프로그램을 진행하는 곳도 많으니 커피 농장 투어에 도전해보자. 커피열매를 구경할 수 있을 뿐만 아니라 100% 코나 커피를 믿고 구매할 만한 좋은 기회다.

그중 코나 조 커피는 코나 시내에서 20분 거리에 있어 접근성이 좋고 탁 트인 풍광을 자랑하므로 서쪽 지역을 오갈 때 커피 한 잔 즐기기 알맞은 곳이다. 커피열매 따기, 로스팅 룸 둘러보기 등 다양한 투어 프로그램을 제공하고 온라인으로 예약도 할 수 있다. 코나 조와 함께 커피가 어떻게 만들어지는지 따라가 보자.

커피란 엄밀히 말하면 커피열매 안의 씨앗을 볶아 우려낸 음료다. 커피나무는 키운 지 3년 정도 지나야 그 이후부터 1년 단위로 열매를 딸 수 있다. 빨갛게 익은 커피열매를 '커피체리'라고 부르며 보통 가을쯤 수확한다.

수확한 커피체리는 습식도정소(wet mill, 사진 속 초록 지붕 건물)로 옮겨져 물속에서 과육과 씨앗이 분리되는 과정을 거친다. 이때 과육 찌꺼기는 커피 재배에 필요한 비료로 다시 쓰인다.

분리한 씨앗은 건식도정소(dry mill)로 이동한다. 여기서 씨앗을 감싸고 있는 껍질을 한 번 더 벗기면 우리가 흔히 아는 커피콩(green bean, 생두)이 된다. 크기와 무게에 따라 커피콩을 분류한 후 저장실로 옮긴다.

이제 커피콩을 볶는다. 코나 조는 로스팅 정도를 세 가지로 구분한다. 에스프레소 로스트 > 다크 로스트 > 미디엄 로스트 순으로 더 높은 온도에서, 더 오래 볶는다.

볶은 커피는 충분히 식힌 후 포장한다. 원두는 20℃ 정도 어두운 실내공간에 보관하는 것이 좋다. 냉장고에 넣으면 커피가 냉장고 냄새를 빨아들이기 때문에 추천하지 않는다.

투어 프로그램에 참여하지 않더라도 코나 조의 카페는
얼마든지 이용할 수 있다. 광활한 커피밭을 내려다보며
프렌치 프레스로 내린 커피를 마셔보길 추천한다.

커피를 꼭 마셔야만 취할 수 있는 것은 아니다.
커피를 활용한 다양한 제품을 소개한다.

1 아일랜드 에센스, 아일랜드 커피 비누 컬렉션
   Island Essence,
   Island Coffee Soap Collection
   www.islandessence.com, $18

각각 카우아이, 오아후, 몰로카이, 마우이, 빅아일랜드 커피를 이용하여 만든 5종 비누 세트다. 비누마다 생김새나 질감이 조금씩 다르긴 하지만, 일반인이 보기에 큰 차이는 없다. 아이디어가 참신하니 하와이 기념품이나 선물로 적격이다.

2 레슬리스 내추럴스, 코나 커피 스크럽
   Leslie's Naturals, Kona Coffee Scrub
   www.instagram.com/lesliesnaturals, $4.99

스크럽 바로 코나 커피가 들어가서 달큰한 커피 우유 향이 난다. 각질 제거를 돕는 하와이산 바닷소금이 함유되어 있다.

3 오하나 스파이스 트레이딩 컴퍼니,
   코나 커피 블렌드 시즈닝
   Ohana Spice Trading Company,
   Kona Coffee Blend Seasoning/Rub
   ohanaspice.com, $6.39

고춧가루에 각종 허브와 커피 가루를 가미한 조미료다. 고추의 알싸한 맛이 주를 이루고 끝에 고소한 커피 향이 살짝 난다. 베이스팅 할 때 다른 소스와 섞어 쓰거나 고기 마리네이드에 사용한다. 돼지고기와 특히 잘 어울린다.

4 빅아일랜드 커피 로스터스, 에스프레소 바이츠
   Big Island Coffee Roasters, Espresso Bites
   bigislandcoffeeroasters.com, 각 $9

코나뿐만 아니라 푸나, 카우 등 빅아일랜드 여러 지역의 원두를 다채롭게 판매하는 빅아일랜드 커피 로스터스에서 만든 커피 바다. (이곳의 원두도 깔끔하고 괜찮다. 아일랜드 내추럴 마켓이나 공항 기념품숍에서 종종 보인다.) 생김새도 맛도 초콜릿 바와 닮았으나 초콜릿은 전혀 없고 온전히 커피로만 이루어져 있다. 클래식(Classic), 씨 솔트(Sea Salt), 라떼(Latte), 세 가지 맛이 있고 초콜릿처럼 씹어 먹거나 따뜻한 우유에 녹여 먹으면 좋다. 일단 보이면 사라. 맛있고 새롭다. 커피를 좋아한다면 완전 추천! 셋 중 하나만 고른다면 '클래식'이 이름처럼 전형적으로 맛있다.

빅아일랜드의 기후와 식물

D
E
E
P

I
N
S
I
D
E

박선엽

서울대학교 지리학과를 졸업하고 미국
캔자스대학교에서 박사 학위를 취득했다.
위성 자료를 이용한 기후, 식생 변화,
보건 문제 연구에 관심을 두고 있다. 미국
하와이대학교 지리학 및 환경과학과
교수를 거쳐 현재 부산대학교 사범대학
지리교육과 교수로 재직 중이다.

주전부리
Snacks

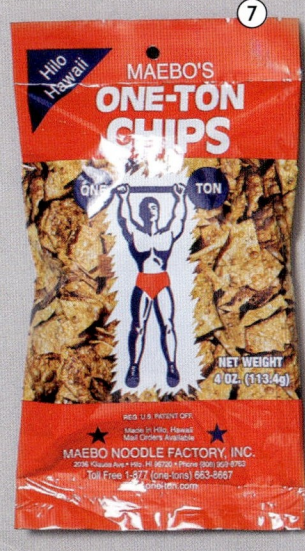

상승으로 인한 자연적인 산불 발생 증가 등으로 인해 하와이 주정부도 자연생태계 파괴를 심각한 상황으로 간주하고 있다. 관광산업이 하와이 경제에서 차지하는 비중을 보아 앞으로도 개발 사업은 멈추지 않겠지만, 환경과 땅을 신성시하는 하와이인들의 노력 또한 끊임없이 이어질 것이다. 날로 증가하는 교통 문제, 외래종 침입, 생태계 파괴, 또 최근에는 질병의 확산 문제를 해결하기 위한 하와이 사람들의 노력을 존중하고 이에 공감하는 성숙한 마음가짐이 필요한 시점이다.

빅아일랜드의 상징을 하나만 꼽으라고 한다면 단연 섬 남쪽의 킬라우에아 화산(Kīlauea volcano)이다. 킬라우에아 화산은 일반적으로 연상되는 산의 모습이라기보다 마치 불룩하게 솟은 언덕처럼 보이는데 바닷바람을 맞으며 이 언덕 주변을 따라 자라는 식물들은 하와이 전통과 문화를 이어가는 또 다른 주역이다. 오히아와 함께 화산 환경에 적응한 마마네(māmane)는 지역의 우점종은 아니지만, 하와이에 서식하는 새들의 먹이가 되는 화려한 노란 꽃을 자랑한다.

　　하와이 식물을 이야기할 때 쿠쿠이나무(kukui nut tree)를 빼놓을 수 없다. 하와이주를 상징하는 나무로 과거 고대 폴리네시아인들이 하와이로 건너올 때 가져온 일명 "카누 식물(canoe plants)"④ 중 하나로 알려져 있다. 20m 이상 높이 자라는 쿠쿠이나무는 과거 불을 켜는 데 필요한 기름을 만들 때 사용되었다. 또한, 쿠쿠이 기름은 어로를 위한 그물의 코팅에 쓰였고 쿠쿠이나무로 만든 염료는 하와이인들이 문신을 그리는 데 유용한 자원이었다. 목재 자체는 카누를 만들 때 사용했으므로 쿠쿠이나무는 하와이인들 일상에 매우 중요한 존재였다. 하와이를 방문하면 레이(lei)라고 부르는 꽃목걸이를 한 번쯤 받게 된다. 쿠쿠이나무를 잘 모르던 사람도 쿠쿠이 열매로 꿰어 만든 레이는 눈에 익숙해질 것이다. 이는 평화, 보호, 번영과 안녕을 상징하기에 전통적인 레이에서 표준적인 장식물로 흔히 등장하기 때문이다.

　　하와이 일상을 이야기하며 한 가지 보태고 싶은 음식 문화도 식물과 연관되어 있다. 동네잔치나 연회 등에서 빠지지 않는 하와이 음식이 있다면 바로 포이(poi)다. 이 역시 카누 식물 중 하나인 타로(taro)로 만든 일종의 끈적이는 죽이다. 타로는 잎이 넓은 식물로 하와이에서 칼로(kalo)라고 불리는데 포이는 이 식물의 뿌리를 으깨고 빻아서 죽 형태로 만든 것이다. 팥죽이나 호박죽처럼 부드럽지만, 특별한 양념이나 추가 향료가 들어가지 않아서 맛은 사실 밋밋하다고 할 수 있다.

하와이 생태계의 미래

　　하와이를 벗어나면 지구상 어디에서도 볼 수 없는 많은 하와이 식물들이 안타깝게도 멸종 위기에 처해있다. 척박한 하와이에 정착한 토착종이나 오랜 시간을 거쳐 고유종으로 진화한 식물 외에 인간에 의해 유입된 외래종이 하와이 열도 전역에 걸쳐 확산하면서 하와이 토종 생태계는 큰 도전을 마주한 셈이다. 고립된 섬에 서식하는 식물들은 오랫동안 경쟁 상대가 없었기에 외래종 침입에 대항하여 자신을 지킬 방어기능을 갖고 있지 않다. 반면에 외부에서 유입된 외래종은 다양한 환경에 빠르게 적응하여 서식 범위를 쉽게 확장해 나가므로 하와이 고유종 식물을 보호하기란 매우 어려운 일이다. 게다가 개발을 위한 삼림 벌채, 기온

④ 고대 폴리네시아인들이 카누를 타고 하와이에 왔다고 하여 그들이 가져온 식물을 "카누 식물(canoe plants)"이라 부른다. 외부에서 유입되었기에 엄밀히 따지면 하와이 토종 식물은 아니나 하와이 문화적 자산 일부로 중요한 가치를 갖는다. 쿠쿠이넛을 비롯해 타로, 사탕수수, 바나나, 코코넛, 노니, 대나무, 빵나무 열매 등 24가지의 식물이 카누 식물로 알려져 있다.

무척이나 힘들어서 대륙과 같은 균형적인 식물종 분포는 하와이에서 찾아보기 힘들다. 앞서 살펴본 대로 면적에 비해 하와이 기후환경의 변화 폭이 상대적으로 크기 때문에 환경 변화에 따른 진화와 적응이 상이하게 나타났다. 하와이로 유입된 식물은 고립된 환경에서 독자적인 진화 과정을 통해 하와이 토착종의 지위를 누리게 되었다.

그중 전형적인 예가 은검초(silversword)다. 해발 2,500m 이상에서 자라는 특별한 보호 식물로 현재 마우이섬과 빅아일랜드 고산지대에 제한적으로 서식한다. 이 식물은 매우 유사한 DNA를 공유하면서도 다양한 환경 적응 과정을 통해 전형적인 하와이에서의 진화 특징을 보여주는데, 종에 따라 앉은뱅이형 또는 수직형 관목, 다년생 덩굴, 대형 목본 등 전혀 다른 외관과 생육 양식을 나타낸다. 과거 외지인들이 하와이를 방문하며 캐가고, 염소와 소의 방목으로 서식처가 크게 훼손되면서 은검초는 주정부의 보호를 받기에 이르렀는데 다행히 멸종 위기에서 점차 벗어날 정도로 개체 수가 증가하고 있다. 은색 잔털이 덮인 다육질의 잎이 마치 칼처럼 수직으로 자라는데 이러한 시각적 특색으로 '실버 소드' 즉, '은검초'라는 이름을 갖게 되었다. 마우나케아 정상으로 가다 보면 해발 2,800m 높이에 탐방객을 위한 안내소가 있는데 그 뒤편 쉼터 쪽으로 은검초 보호구역이 있다. 마우나케아에 방문하게 되면 꼭 들러보자.

빅아일랜드의 다양한 식물

사실 힐로, 코나, 볼케이노, 와이메아 등 빅아일랜드 대표 지역은 인간 활동으로 인해 자연의 모습이 거의 사라진 상태다. 그럼에도 스티븐 스필버그(Steven Spielberg)가 제작한 영화 <쥬라기 공원(Jurassic Park)>으로 일부 하와이 식물이 대중의 인상에 강하게 남았다. 바로 영화 속에 등장하는 양치식물이다. 사람 키보다 큰 양치식물은 '하푸우(hāpu'u)'라 부르고 길가에 작은 잎의 형태로 마치 손가락처럼 보이는 것은 '우루헤(uluhe)'다. 주로 습한 빅아일랜드 동쪽 지역에서 보인다.

한편 목본 식물 중 하와이를 대표하는 토착종은 '오히아('ōhi'a, 학명 Metrosideros polymorpha)'와 '코아(koa, 학명 Acacia koa)' 나무인데 이들은 하와이 전역에 광범위하게 퍼져있는 중요한 수종이다. 거친 용암 바닥에 뿌리내리며 적응한 오히아는 화려한 꽃을 자랑할 뿐만 아니라 하와이 전통문화에서 펠레(Pele) 즉, '화산의 여신'을 상징할 만큼 신성하게 다뤄진다. 코아 나무 역시 하와이에서 흔히 보이는 고유종으로 하와이말로 '용맹함'을 뜻한다. 여행하며 기념품 가게에서 질 좋은 목재 가공품을 만난다면, 대부분 재질이 단단한 코아 나무로 만들어진 것들이며 가격도 비싼 편이다.

우림 지역으로 열대기후의 특징을 잘 반영한다. 마우나로아와 마우나케아 두 봉우리 사이로 마치 말안장 모양의 산비탈 길을 따라 서쪽으로 넘어가면 코나를 중심으로 하는 건조 환경이 동부의 습윤 지역과 대비를 이룬다. 이러한 동서의 차이가 나타나는 것은 동쪽 산비탈에 비를 뿌린 바람이 서쪽으로 넘어가 관목, 초본, 선인장 등 전혀 다른 경관으로 특징짓는 기후를 만들어내기 때문이다. 낮은 습도와 함께 연중 머리 위로 내리쬐는 강한 햇빛은 따가운 건조 환경에 익숙하지 않은 이들에겐 단 10분도 버티기 힘든 자극으로 다가온다. 빅아일랜드 북부 지역의 중심지이자 섬의 동쪽과 서쪽을 이어주는 중간 위치에 놓인 와이메아 역시 기후가 비교적 건조하고 파커 목장(Parker Ranch) 등의 대규모 초지로 유명하다.

하와이 기후 특징은 위치뿐만 아니라 고도에 따라서도 다양하게 나타난다. 사람들이 휴가로 많이 찾는 하와이 해안지역의 연평균기온은 25℃ 내외지만, 마우나케아처럼 높은 산 정상부는 연평균기온이 4℃까지 떨어진다. 무역풍을 따라 산비탈을 오르는 구름은 일정 고도에서 수증기가 응결하는 이슬점을 맞게 되어 거의 매일 산 중턱에 비를 뿌린다. 구름 속 습기에 항상 싸여있는 삼림을 운무림(cloud forest)이라 부르는데 이 지역 식물들은 비나 눈을 통한 강수량보다 구름의 응결에 의한 수분에 더 의존하는 특이한 생태환경을 가지고 있다.

한편 빅아일랜드에서 해발 2,000m를 넘어가면 몇몇 초본이나 관목 이외의 식물을 보기 힘들다. 일정 높이 이상에서는 대기의 하강으로 기온역전 현상이 발생하여 구름이 발달하지 못하고[2] 결과적으로 강수 현상이 드물어 입술이 쉽게 탈 정도로 낮은 습도가 유지된다. 비가 없으니 주변 경관도 건조지대로 변해버린다. 또한, 과학자들의 연구 결과에 따르면 마우나케아 정상에 과거 빙하의 흔적과 빙하퇴적물이 고스란히 남아있어서 이를 통해 과거 수십만 년 동안 여러 차례 빙기와 간빙기가 반복되었다고 추정한다. 이처럼 끊임없이 이어지는 화산활동, 열대우림에서 주빙하성 고산기후까지 극도로 다양한 기후환경을 비롯하여 지질·천문[3]·해양에 걸친 자연환경은 연중 관광객을 불러들이기 충분한 조건이 되었다.

하와이 식물의 특징

하와이가 특별하게 느껴지는 것은 다양한 기후환경 외에도 태평양 한가운데 자리한 화산 열도를 기반으로 자라나는 식물들 모습 때문이기도 하다. 광활한 태평양을 건너오기란 물리적으로 매우 어려운 일이기에 하와이에 성공적으로 정착한 식물의 종류는 그리 많지 않다. 하와이로 건너올 수 있었던 식물의 수도 제한적이었지만, 하와이로 유입되었더라도 꽃을 피우는 수분(受粉) 과정이 육지 환경보다

[2] 편집자 주: 하와이에서 보이는 기온역전 현상은 지구의 대기 순환 과정에서 공기가 침강하면서 나타나는 것이며, 조금 더 알고 싶다면 무역풍 역전(trade-wind inversion)을 살펴보길 바란다.

[3] 청명한 하늘과 낮은 습도 조건으로 인해 마우나케아 정상부는 다국적 초대형 천체망원경 시설들이 집중된 세계 천문학의 중심지가 되었다.

하와이 열도의 생성 배경

하와이는 대표적인 신혼여행지로 주목받을 만큼 사시사철 온화한 기후를 자랑하며 이는 하와이의 가장 중요한 천연 자산에 해당한다. 하와이 열도는 지리적으로 북위 19~22도에 걸쳐있어 무역풍대에 속한다. 무역풍은 지구를 덮는 대규모 대기 순환의 일부로서 북반구 지역에서는 북동풍이 되어 천연 선풍기 역할을 한다. 연중 기온변화의 폭이 5℃ 정도에 불과하므로 하와이에서는 일반적인 사계절이 나타나지 않지만, 계절적 강수량 변동으로 인해 비교적 뚜렷한 건기와 우기가 있다. 하와이 어디를 가든 항상 날이 맑고, 햇빛이 따가울 것으로 생각한다면 그것은 오산이다. 과거 하와이 원주민 역시 기후 특징을 2개의 계절, 즉 따뜻한 건기(kau, 카우)와 선선한 우기(hoʻoilo, 호오일로)로 인식했다. 상대적으로 비가 적은 건기는 5월에서 9월에 걸친 여름에 해당하는데 이때는 무역풍도 안정적으로 불어서 날씨 변화가 적지만, 10월부터 이듬해 4월까지 겨울철에는 강수량이 많아지고 폭풍우의 영향이 잦으며 바람도 다소 불규칙적으로 분다.

하와이 기후를 건기와 우기로 대별할 수 있지만, 그렇다고 해서 하와이의 기후환경이 그리 단순한 것은 아니다. 사실 하와이 날씨는 기후학적으로 매우 흥미롭다. 왜냐하면 하와이에는 세계 기후의 축소판이라 할 정도로 다양한 기후가 나타나기 때문이다. 이를 더욱 잘 이해하기 위해서는 하와이 열도의 생성 배경을 알아야 한다. 하와이 열도는 지질적으로 화산섬에 해당한다. 해저 바닥 깊이 자리한 마그마방('열점(hotspot)'이라 부른다)으로부터 지각층을 통과하여 해저에 퇴적된 화산 암석 물질이 점차 성장하여 마침내 해수면을 뚫고 솟아난 것이 하와이 화산이다.

빅아일랜드의 기후

하와이 열도 중 가장 넓고 최남단에 위치한 빅아일랜드의 면적은 우리나라 제주도의 약 6배에 가깝고 섬의 최고봉인 마우나케아(Mauna Kea)는 해발 4,205m에 달한다. 마우나케아와 함께 형제처럼 솟아있는 마우나로아(Mauna Loa)는 해발고도로 보면 마우나케아보다 약간 낮지만, 화산이 만들어지는 해저로부터 계산하면 단연 지구상에서 가장 큰 화산체에 해당한다.[①]

이러한 화산활동의 결과 태평양 한가운데 높은 산지를 갖춘 하와이에는 높이와 위치에 따라 매우 다양한 기후 특징이 나타난다. 무역풍이 불어오는 북동사면을 따라서는 연 강수량 7,000mm 이상의 열대우림이 나타나는 한편 비를 뿌리고 나서 건조해진 바람이 불어 내려가는 서쪽 사면에는 200mm 이하의 건조 또는 반건조기후가 자리한다. 예를 들어 힐로를 중심으로 하는 섬의 동부 지역은 대부분

---

① 편집자 주: '마우나케아'의 어원에 관해서는 여러 의견이 있는데 '와케아(Wākea)의 산'이라는 뜻의 "Mauna a Wākea"가 축약된 표현이라고 한다. 와케아는 하와이 신화에서 하늘의 신으로 대지의 여신 파파하나우모쿠(Papahānaumoku)와 결혼해 하와이섬을 낳았다고 알려져 있다. 또는 하와이어로 '산'을 뜻하는 'mauna'와 '하얗다'라는 뜻의 'kea'가 더해져 '하얀 산'을 의미한다는 설이 대중적이다. 꼭대기가 눈으로 덮여 있어 멀리서 하얀 산처럼 보이기 때문이다. 같은 맥락에서 '마우나로아'는 'mauna(산)'에 '길다/높다(long/tall)'라는 뜻의 하와이어 'loa'가 더해져 '긴 산'이란 뜻이다. 본래 "Mauna Kea", "Mauna Loa" 등 두 단어로 띄어 썼으나 20세기 후반부터 하와이어에서 유래한 특정 지명은 고유명사로 간주하고 붙여 써야 한다는 의견이 대두되면서 근래 "Maunakea", "Maunaloa" 등으로 표기하는 추세다. 여기서는 대다수 여행안내서나 하와이 화산을 소개하는 교과서 등에서 일반적으로 채택하는 방식을 따라 "Mauna Kea", "Mauna Loa"로 표기하였다.

한창 출출한 시간, 간식이 생각난다.
하와이 대표 주전부리를 소개한다.

리힝무이
Li Hing Mui

말린 매실에 여러 조미료를 첨가한 것으로 극단적으로 달고, 시고, 짜다. 하와이 사람들은 한 알을 아주 조금씩 온종일 나누어 먹는다고 하던데 사시사철 덥고 습하니 입맛을 돋우기 위한 방편인지도 모르겠다. 리힝무이 파우더를 묻힌 자매품도 다양하다.

1 제이드, 리힝무이 파우더를 묻힌 말린 귤
   1.5oz, $3.29

2 제이드, 스위트 리힝무이
   1.25oz, $2.79

마카다미아넛
Macadamia Nuts

마카다미아넛은 일반적으로 가장 잘 알려진 하와이 특산품이다. 전 세계 생산량 중 대다수가 하와이에서 나오고 또 그중 대부분이 빅아일랜드산이다. 구운 마카다미아넛 자체로도 먹지만, 망고, 양파, 마늘 등의 시즈닝이 첨가되거나 꿀 또는 초콜릿을 묻힌 제품은 여행객에게 유명하다. 빅아일랜드의 또 다른 특산품 코나 커피가 더해진 마카다미아 초콜릿도 기념품으로 적당하다.

3 하와이안선, 코나 크런치
   2oz, $3.99

4 하와이안 호스트, 코나 카라막스
   5oz, $7.79

5 마우나 로아, 꿀이 첨가된 구운 마카다미아넛
   10oz, $10.49

과자
Snacks

이주노동자가 유입되며 하와이 식문화는 아시아문화의 영향을 많이 받았다. 특히 일본문화와 혼재된 음식이 많은데 후리카케나 김이 들어간 과자도 그중 일부다. 구운 김 가루와 쌀과자를 팝콘과 섞은 '허리케인 팝콘(Hurricane Popcorn)'은 고유명사가 될 정도로 인기가 좋다. 생각보다 짜지 않고 한국인 입맛에도 잘 맞는다. 한편 일본계 이민자 가족이 고안한 '원톤 칩스'도 오늘날 빅아일랜드 대표 과자로 자리 잡았다. 국수를 뽑던 이들은 완탕피를 응용해 과자를 만들기 시작했다. 언어유희로 '완탕(wonton)'을 '원-톤(One-ton)'이라 표기하고 로고도 역기를 들어 올리는 남자로 디자인했다. 밀가루를 튀긴 과자인데 생각보다 담백하고 두부 과자 같은 느낌이라 물리지 않고 계속 먹을 수 있다.

6 빅아일랜드 딜라이트, 후리카케 파티 믹스
   8oz, $6.19

7 마에보 누들 팩토리, 원톤 칩스
   4oz, $3.29

8 하와이안 허리케인 컴퍼니, 허리케인 팝콘
   6oz, $6.89

버터모찌
Butter Mochi

하와이의 브라우니로 불리는 버터모찌 역시 융합된 식문화를 상징한다. 일반적인 버터케이크 레시피에 코코넛 밀크와 찹쌀가루가 들어가는 것이 버터모찌의 특징이다. 일본의 모찌와 필리핀의 비빙카(Bibingka, 코코넛떡)가 미국 케이크 문화와 섞이면서 버터모찌가 탄생했으리라 추측한다. 슈퍼마켓이나 파머스 마켓, 빵집에서 완제품을 찾을 수 있고 프리믹스 제품으로 직접 만들어도 좋다. 생각보다 크게 달지 않고 버터의 풍미가 강하며 전체적인 식감은 떡보다 빵에 가깝다. 쫀득한 빵을 먹는 느낌이다.

9 KTA슈퍼스토어, 버터모찌 4조각
   10oz, $4.29

10 하와이즈 베스트, 하와이안 커스터드 버터모찌 믹스
   15oz, $8.29

슈퍼마켓 특별연재 코너   완벽한 민트초코를 찾아서

Finding perfect Mintchoco

1. **허쉬, 쿠키 레이어 크런치 민트 바**
   Hershey's, Cookie Layer Crunch Mint Bar 6.3oz
   www.hersheys.com, $3.99

작은 초콜릿 바가 개별 포장되어 9개 들어있다. 초콜릿 안에 쿠키 칩과 민트 크림이 각각 층을 이루는데 셋의 조합이 상당히 좋다. 민트는 강하고 초콜릿도 매우 달아서 여러모로 극단적인 맛이나 민트초코 마니아라면 만족할 만하다. ♥♥♥♥

2. **오레오, 씬 바이츠 민트 퍼지 딥 쿠키**
   Oreo, Thins Bites Mint Fudge Dipped Cookies 6oz
   www.oreo.com, $2.98

민트 크림이 들어간 오레오 쿠키를 초콜릿으로 코팅해서 매우 달다. 50원 동전만 한 크기라 민트 크림이 얼마 안 들어가서인지 민트보다 초콜릿 맛이 훨씬 강하다. 민트를 좋아한다면 같은 브랜드의 씬 민트 쿠키(Oreo Thins Mint Chocolate Sandwich Cookies)가 더 매력 있다. ♥♥

3. **타이니 아일, 말차 민트 초콜릿 트뤼플**
   Tiny Isle, Matcha Mint Chocolate Truffle 1oz
   tinyislekauai.com, $3.29

카우아이의 유기농 브랜드에서 시즌 한정으로 내놓은 제품이다. 민트 추출액과 마우나케아에서 자란 말차가 함유된 비건 화이트 초콜릿이 다크 초콜릿 트뤼플 위에 올라가 있다. 말차는 거의 느껴지지 않고 민트도 맛보다 향만 크게 다가온다. 일반적인 초콜릿 트뤼플보다 식감이 꽤 단단한 편. ♥♥

4. **휴 키친, 크런치 민트 다크 초콜릿**
   Hu Kitchen, Crunchy Mint Dark Chocolate 2.1oz
   hukitchen.com, $7.79

비건 초콜릿을 지향하는 뉴욕의 브랜드 제품으로 사실 민트 맛은 별로 안 난다. 카카오닙스가 씹히는 아삭한 식감이 좋고 가끔 싸구려 초콜릿에서 느끼는 텁텁한 끝맛이 전혀 없다. 고급스러운 초콜릿에 페퍼민트 오일 한두 방울 떨군 맛이라 아쉽게도 민트초코로서의 매력은 그닥. ♥♥

5. **할레이와 플랜테이션, 초콜릿 민트 티**
   Haleiwa Plantation, Chocolate Mint tea 2.5oz
   www.haleiwaplantation.com, $15.95

빅아일랜드의 카카오에 유기농 스피어민트와 스테비아가 섞인 하와이산 잎차다. 차를 만들기 전 민트 향이 꽤 나는데 막상 우려내 마시면 아주 은은한 민트 맛이다. 첫인상에 카카오 향이 살짝 나지만, 종합적으로 민트도 초콜릿도 아니라 약재를 우린 듯한 제3의 맛에 가깝다. 차 자체는 부드럽고 깔끔해서 나쁘지 않다. ♥♥

민트 맛의 강도는 "골라 먹는 아이스크림 체인점 B 그곳"의 '민트 초콜릿 칩' 아이스크림을 5로 놓고 1부터 5 중 숫자로 평가한다. 숫자가 낮을수록 민트 맛이 약한 것, 제품의 우수성과는 무관하다.

와이키키 비치(Waikiki Beach)

이야기해보자
Let's Talk

빅아일랜드 뮤지션의 삶은 어떤가요?

마크 야마나카
Mark Yamanaka

www.markyamanaka.com

> 간단한 자기소개를 부탁합니다.

호놀룰루에서 태어나 힐로에서 자랐어요. 하와이 음악 활동을 하고 있어요. 뮤지션으로서 커리어를 쌓으려면 호놀룰루가 유리할 수 있지만, 이곳의 고요함과 편안함이 좋고 그 점이 제 음악에도 긍정적인 영향을 미치고 있어서 아내 그리고 3명의 아이와 힐로에서 지내고 있습니다.

> 아이오나 자동차 판매점(Aiona Car Sales)에서도 일하고 계시죠?

맞아요, 이전에는 은행에서 일했는데 그때는 음악할 시간이 부족했어요. 그러다 어릴 적 이웃이자 친구인 아이오나 가족이 이곳에서 일할 기회를 주었어요. 2007년부터 여기서 영업 일을 하고 있습니다. 내키면 어디로든 떠날 수 있는 일이라 비교적 자유롭긴 한데 그래도 음악과 병행하는 데 어려움이 있긴 해요. 제 가족과 아이오나 가족이 여러모로 도와주고 있어요.

> 뮤지션이 된 계기가 궁금해요. 하와이 음악 장르를 선택한 이유는 무엇이었나요?

어릴 때 조부모님 댁에서 하와이 음악을 자주 들었어요. 부모님도 대중음악이나 지역 음악을 많이 들었는데 팔세토 창법으로 부르는 하와이 음악이 매력적으로 느껴졌어요. 음악이 늘 가까이 있었죠. 2010년 첫 번째 앨범을 시작으로 현재까지 세 장의 솔로 앨범을 냈어요. 운 좋게 '나 호쿠 하노하노 어워드'에서 상도 여러 차례 탔죠. 음악 교육을 따로 받은 적도, 가족 중에 음악 일을 하는 사람도 없어서 주로 독학했는데요. 발전하는 데 어려움이 있긴 했지만, 이 정도면 잘되었죠? (웃음)

하와이안(하와이 원주민 출신)이 아님에도 하와이 음악을 선택한 것에 대한 부담감이나 어려움은 없었나요?

외부와의 갈등은 없었는데 저 스스로 움츠러들었던 것 같아요. 그래서 하와이 문화와 언어를 존중하는 마음을 잊지 않으려고 더욱더 노력해요. 하와이어로 노래할 때 바르게 발음하고 표현하기 위해 계속 공부하고 있어요. 매우 조심스러운 이야기인데, 하와이안이 아닌 사람이 하와이 음악을 하는 것에 대해 비판하는 목소리가 존재하죠. 하지만 적어도 저는 직접 비판받은 적은 없어요. 오히려 많이들 응원해주셨죠. 운이 좋았어요.

사실 한국에서 하와이 음악은 조금 생소한 편이에요. 어떤 음악을 '하와이 음악'이라고 부르나요? 하와이 음악의 장르적 특징이 궁금해요.

제 생각에 오늘날의 하와이 음악은 상당히 서구화된 음악이에요. 장르적으로는 컨트리 음악과 비슷하죠. 어떤 사건이나 감정을 기록하는 성격이 강해요. 있는 그대로 생생하게 노래해서 감동을 줍니다. 매우 정서적이고 아름다운 음악이에요. 가사의 측면에서는 '카우나(kauna)'가 많아요. '숨겨진 의미'라는 뜻인데요, 하와이 음악이나 언어의 특징 중 하나에요. 하와이 고전 성가인 올리(oli)에서부터 사용하던 작사 방식이기도 하고요. 예를 들면 꽃의 아름다움을 노래하는 가사 같은데 알고 보면 사랑하는 사람, 장소 또는 군주에 관한 곡인 거예요. 가사가 굉장히 다층적이고 시적이죠.

하와이 안에서도 섬마다 음악적 특징이 다른가요?

네, 섬마다 소리가 독특해요. 만일 당신이 여기서 음악을 한다면 다른 뮤지션의 음악을 들었을 때 그가 어디 출신인지 추측할 수 있을 거예요. 서로 다른 음악 스타일이 들리거든요.

그럼 빅아일랜드 스타일은 무엇인가요?

하와이안 팔세토 창법이요. 여기서는 레오 키에키에(leo kiʻekiʻe)라고 해요. 그리고 슬랙키 기타 음악이요. 저는 이게 빅아일랜드 스타일 같아요.

여기서 당신 노래를 자주 들었어요. 특히 "Morning Drive"는 운전할 때 들으면 너무 좋더라고요.

맞아요, 이때 신나고 행복한 노래를 만들고 싶었어요. 당시 아내가 왕복 2시간 거리를 차로 출퇴근했어요. 그런데 이 얘기를 하면 대부분 '그렇게나 멀리?'라는 식으로 부정적인 반응인 거예요. 아내는 출퇴근하는 걸 싫어하지 않았는데 사람들 분위기에 의욕이 꺾였죠. 그래서 이른 아침에 운전하며 마주하는 풍경이 아름다워서 이 순간이 행복하다고 이야기하는 노래를 아내와 함께 썼어요. 아내를 북돋고 싶어서요. 저도 정말 좋아하는 노래에요.

> 저는 이번 기회에 하와이 음악을 처음 제대로 들어보았어요. 어떻게 하면 더 많은 사람이 하와이 음악에 관심을 가질 수 있을까요?

정말 어려운 질문이네요. 우선 하와이 음악을 지속해서 계속하는 것이 중요하다고 생각해요. 여기서 라디오를 들어보면 아시겠지만, 레게 장르가 굉장히 강세에요. 젊은 세대가 좋아하니까요. 하와이 음악을 계속하는 것이 일종의 도전이라면, 모두 서로 돕고 지지해줘야 해요. 과거 하와이어 교육이 금지되던 때도 있었어요. 하와이어를 보호하고 유지하려는 노력 덕분에 이제 하와이어가 부흥하고 있죠. 음악도 같은 과정을 겪고 있는 것 같아요. 방송국이 우리 음악을 소개하고 가정에서 어린아이들에게 하와이 음악을 알려줘야 해요. 모든 것은 이곳 하와이에서 그리고 가정에서 시작된다고 생각해요. 제가 조부모님 댁에서 하와이 음악을 듣고 자란 것처럼요. 우리가 아이들에게 무엇을 노출하고 있는지 스스로 깨달아야 해요.

> 한국 독자에게 당신이 좋아하는 하와이 뮤지션들을 소개해줄 수 있을까요?

물론이죠. 먼저 부부 듀오로 활동하는 쿠파오아(Kūpaoa)요. 저와 함께 크리스마스 앨범을 발매하기도 했는데요, 처음 만났을 때 그들의 목소리에 큰 감동을 받았어요. 아주 달콤한 소리를 가졌죠. 그들이 쓰고 부른 곡들의 메시지는 하와이 전통을 영속시켜요. 제가 우러러보는 데니스 파바오(Dennis Pavao)나 개리 할리마우(Gary Haleamau) 같은 뮤지션들은 제 음악에도 큰 영향을 끼쳤어요. 목소리를 아주 듣기 좋게 전달해요. 케일리 레이셸(Keali'i Reichel)도 좋아해요. 이들의 목소리는 제 귀뿐만 아니라 가슴에까지 와닿아요.

> 당신 노래 중에서도 추천해주세요.

제가 만든 곡 중에서는 "Morning Drive"를 좋아하고요. 부른 노래 중에 "Ke Akua Mana Ē"를 꼽고 싶어요. "주 하느님 지으신 모든 세계(How Great Thou Art)"라는 찬송가를 하와이어로 번역한 곡인데 제 가족에게 굉장히 특별한 노래에요. 할머니께서 할아버지 장례식에서 불러 달라고 부탁하셨던 곡이거든요. 첫 번째 솔로 앨범을 만들 때 이 곡을 꼭 녹음해야겠다고 생각했어요. 우리 가족의 노래이자 제가 부르기 좋아하는 곡이에요.

> 이제 "슈퍼마켓" 이야기를 해볼까요. 평소 물건을 살 때는 주로 어떤 곳을 이용하나요?

주로 색앤세이브나 KTA슈퍼스토어에 가요. 육류, 채소 같은 걸 사죠. 연어나 아히도 자주 사요. 신선한 생선을 정말 좋아하거든요.

> 음료는요, 맥주는 안 드세요?

저는 술을 안 마셔요. 대신 포그(POG) 주스를 좋아해서 메도우 골드(Meadow Gold) 제품을 종종 사요. 아, 아내는 코나 브루잉의 롱보드(Longboard) 맥주를 좋아하더라고요.

아침, 점심, 저녁에는 보통 무엇을 드시는지 궁금해요.

아침에는 밥이랑 달걀, 스팸이나 포르투갈 소시지를 먹어요. 점심으로 포케를 많이 먹고요. 저녁은 아무거나 먹어요. 대부분 고기 수프나 치킨 수프 혹은 스튜를 만들어서 먹죠. 양배추와 채소도 곁들이고요.

슈퍼마켓에 갔더니 스팸 맛이 굉장히 다양하더라고요.

포르투갈 소시지 맛, 데리야키 맛 등 다양하게 있지만, 저는 기본 맛을 선호해요. 원하면 데리야키 스팸은 집에서 만들 수 있으니 굳이 살 필요가 없어요.

포케 중에는 어떤 메뉴를 좋아하세요?

포케는 다 좋아요! 음, 참기름과 간장이 들어간 포케나 소스가 따로 들어가지 않는 클래식한 하와이안 포케를 좋아해요.

빅아일랜드에서 꼭 해보았으면 하는 일도 소개해주세요.

부활절 주간에 볼거리가 많아요. 훌라 축제인 메리 모나크 페스티벌(Merrie Monarch Festival)도 열리고 도시 전체가 축제 분위기에요. 화산국립공원도 아름답죠. 하이킹을 할 수 있는데 어떤 동물이나 식물이 있는지 공원 자리를 미리 알아보고 가면 훨씬 좋을 거예요. 그리고 스노클링을 꼭 해보세요.

그럼 빅아일랜드를 방문하는 관광객이 어떤 에티켓을 갖추면 좋을까요?

어디를 가든 올바르게 행동하길 바라요. 가면 안 되는 곳은 가지 마세요. 하와이 대부분이 관광지가 되면서 상품화되었지만, 그 배경에 이곳 문화와 환경을 보호하기 위한 노력이 있다는 것을 잊으면 안 돼요. 여기 사는 사람들을 존중하고 문화에 대해 많이 알아봐야 한다고 생각해요. 미리 배우고 오면 더 좋겠죠.

마지막으로 빅아일랜드에서의 삶은 어떠한지 짧게 정의하여 표현해주세요.

"겸허함(humble)"이요. '겸손'이 이곳에서의 삶을 표현하는 단어 같아요. 현란하거나 반짝거리지는 않지만, 매우 단순하고 겸손한 삶이요. 그렇게 살려고 노력해요. 부모님도 항상 겸손하고 사람들을 친절히 대하라고 가르치셨거든요.

하루의 마무리 Let's Round Off a Perfect Day

해가 저물어도 여행은 멈추지 않는다.
전 세계적으로 마우나케아와 마우나로아 고지대만큼
별을 관찰하기 좋은 곳이 없다. 날씨가 좋을 때는
별들이 손에 잡힐 듯 생생하게 쏟아진다.
밤하늘 한편에는 달무지개가 뜬다.
무지개주(Rainbow State)라는 하와이주 별명에
걸맞게 낮에도 자동차 번호판을 비롯한 여기저기서
무지개가 보이지만, 운이 닿으면 밤에는 달무지개를
찾을 수 있다. 밤길 운전이 서툴러 먼 길을 떠나기
힘들어도 놀 거리는 충분하다. 근처 해변에서 일몰을
감상하고 근사한 저녁에 현지 맥주를 한잔하자.
완벽한 하루의 마무리로 손색없다.

저녁 Dinner

로코모코와 루아우

고유문화에 한국, 일본, 중국, 필리핀, 미국 본토 등 다양한 이민자의 문화가 혼재되어 하와이는 식문화 스펙트럼이 굉장히 넓다. 흰쌀밥에 햄버그스테이크와 계란프라이, 그레이비 소스를 얹어내는 로코모코 역시 20세기 음식으로 전통성은 찾기 어려우나 어느새 하와이 대표 음식으로 자리 잡았다. 주로 점심이나 저녁에 먹지만, 아침 메뉴로 판매하는 곳도 많고 여기에 스팸이나 베이컨, 닭고기, 포르투갈 소시지 등을 추가하기도 한다. 한편 하와이 저녁 식사를 이야기할 때 루아우(lūʻau)는 꼭 짚어야 하는데 전통적인 방식의 파티이자 그곳에서 즐기는 음식을 통칭한다. 오늘날 상당 부분 관광화되어 여러 리조트에서 '루아우'라는 이름 아래 다양한 쇼를 선보인다. 루아우에는 포이, 칼루아 피그(kālua pig, 전통적인 방식의 화덕에 조리하여 잘게 찢은 돼지고기 요리), 라우라우, 치킨 롱 라이스(chicken long rice, 당면이 들어간 닭고기 요리), 로미 연어, 포케 등이 포함된다. 가정식을 판매하는 대부분 식당에서 '하와이안 플레이트'라는 메뉴로 루아우 음식을 제공한다.

상 로코모코
중 하와이안 플레이트
하 포르투갈 소시지

UNPACK BIG ISLAND

빅아일랜드
풀어보기

③

맥주 어디까지 마셔봤니?

바닷가 선베드에 누워 하와이 햇빛을 즐기노라면 시원한 맥주 한 잔이 절로 생각난다. (하지만 공공장소에서의 음주는 하와이에서 불법이다. 주의하자!) 근래 일부 하와이 맥주가 전 세계로 유통되기 시작하면서 하와이 맥주를 향한 관심도 커지고 있다. 사실 과거 유럽인들이 하와이에 들어오기 전까지 하와이에 맥주는 존재하지 않았다. 당시에는 카바(kava) 추출물이 술의 역할을 대신했는데 카바는 고대 폴리네시아인들이 하와이에 들고 온 카누 식물 중 하나로 진정 및 환각 효과가 있어 의약용, 의례용으로 1930년대까지 널리 쓰였다.

유럽인의 도래와 함께 하와이에 맥주 문화가 생겨나고 20세기 초반 양조장이 만들어졌지만, 이후 미국의 금주령으로 한동안 맥주 양조 및 소비가 활성화되지 못했다. 금주령이 폐지되고도 한참이 지나서야 1994년 코나 브루잉 컴퍼니(Kona Brewing Co.)가 빅아일랜드에 자리를 잡으며 이때부터 수제 맥주 붐이 일기 시작했다. 제조설비를 수입해야 하는 지리적 한계와 높은 운송비 등 여러 불리한 조건에도 불구하고 다양한 양조장이 하와이 전역에서 성업 중이다.

맥주의 특징은 물이 결정짓는데 순도가 높고 무기질이 적당히 함유된 하와이 물은 하와이 맥주를 더욱 특별한 존재로 만들었다. 게다가 코코넛, 파인애플, 릴리코이, 코나 커피 등 풍부한 특산물이 더해지며 하와이 맥주는 지역적 특색도 확실히 갖추게 되었다. 하와이의 다양한 지명과 아름다운 하와이어를 활용한 브랜딩은 하와이 맥주의 또 다른 매력 포인트다.

아이러니하게도 하와이 사람들은 주로 하이네켄을 즐겨 마신다지만, 하와이에서 하와이 맥주를 마시지 않고 배길쏘냐. 양조장은 대부분 펍을 직접 운영하며 현지에서만 맛볼 수 있는 생맥주를 다양하게 구비하고 있으니 하와이에서 맥주 투어를 시도해봐도 좋겠다. 그중 빅아일랜드 슈퍼마켓에서도 쉽게 찾을 수 있는 코나 브루잉 컴퍼니와 올라 브루 컴퍼니(Ola Brew Co.)를 소개한다.

서로 다른 입맛의 4인이 술을 마셨다!
(한국에서 쉽게 구할 수 있는 맥주 중 즐겨 마시는 상품은?)

A 호가든, 씁싸래하거나 시큼한 맥주보다 청량한 맥주를 선호한다.

B 제주맥주 위트 에일, 에일 종류를 좋아하고 미식가다.

C 크로넨버그 1664 블랑, 달콤하거나 향긋한 맥주를 좋아한다.

D 클라우드, 에일이나 IPA 종류를 즐겨 마시고 애주가다.

코나 브루잉 컴퍼니
Kona Brewing Co.

74-5612 Pawai Pl, Kailua-Kona, HI 96740
konabrewingco.com

1994년 문을 연 코나 브루잉 컴퍼니는 현재 미국 맥주회사 연합인 크래프트 브루 얼라이언스(Craft Brew Alliance) 소속인 데다가 대다수 맥주를 미국 본토에서 양조하므로 하와이 지역 양조장으로 보기에는 이제 무리가 있다. 그럼에도 빅웨이브 골든 에일 등 무난하게 먹기 좋은 맥주 라인으로 오래전부터 보편적인 입맛을 사로잡아왔다.

'코나 브루잉' 하면 화려한 패키지가 자연스레 떠오르는데 모든 맥주에 하와이 지역명과 이를 상징하는 일러스트를 매치하여 하와이 정서를 전달한다. 또한, 주원료인 홉과 맥아부터, 커피, 생강, 레몬그라스 등의 재료를 하와이에서 수급하고 물의 무기질 수치도 하와이 물에 가깝게 맞추는 한편 지역 비영리 단체에 꾸준히 기부하는 등의 사회적 활동을 통해 "알로하 정신"을 실천한다.

빅아일랜드와 오아후에 위치한 펍에서만 맛볼 수 있는 생맥주도 있으니 맥주를 좋아한다면 체크해둘 것!

ISLAND

SUPERMARKET

1   **쿠아 베이 IPA**
Kua Bay IPA
ABV 7.3%, IBU 60, 22oz, $3.97

- **A** 개인적으로 쌉싸래한 맥주를 선호하지 않아서 별로다.
- **B** 전형적으로 잘 만든 IPA다. 특별히 모난 부분 없이 밸런스가 좋다. 처음부터 끝까지 무게감을 유지한다. ★
- **C** 너무 기대가 컸던 걸까, 특별한 장점을 찾지 못했다. 한국에도 좋은 양조장이 많다는 깨달음을 얻었다.
- **D** 적당히 좋다. 코나 브루잉의 다른 맥주는 탄산이 강하게 느껴지는데 이건 탄산도 알맞고 쌉싸래한 정도도 좋다. ★

2   **롱보드 아일랜드 라거**
Longboard Island Lager
ABV 4.6%, IBU 20, 22oz, $3.97

- **A** 맥주를 사과 주스로 희석한 느낌이다. 맛이 너무 심심하다.
- **B** 밍밍하게 느껴진다. 라거인데 에일처럼 향에 신경 쓰느라 장점을 잃은 것 같다.
- **C** 정체를 잘 모르겠다. 이도 저도 아닌 느낌.
- **D** 평범하다. 홉 향이 없지는 않은데 다른 코나 브루잉 맥주와 비교하면 밋밋하다.

3   **와일루아 위트 에일**
Wailua Wheat Ale
ABV 5.4%, IBU 15, 22oz, $3.97

- **A** 릴리코이가 가미되었다고 하는데 별로 느껴지지 않는다.
- **B** 바이젠 밀맥주를 좋아하는데 그와 비교하면 감흥이 없다.
- **C** 일부 지역에서만 만날 수 있는 한정 제품인데 왜 주력 상품이 되지 못했는지 단번에 알겠다. 기억에 남는 지점이 하나도 없다.
- **D** 딱히 특별하지 않다.

4   **하나레이 아일랜드 IPA**
Hanalei Island IPA
ABV 4.5%, IBU 40, 22oz, $3.97

- **A** 라벨 색상처럼 불타오르는 맛이랄까, 시다. 개인적으로 입에 맞는다.
- **B** 세제 냄새라고 해야 하나, 인공적인 향이 강하다. 가볍게 만들어진 IPA 같다. IPA를 좋아하는 사람들 취향에는 맞지 않을 듯하다.
- **C** 포그(POG) 주스에서 영감을 받아 만든 지역 맥주 느낌은 있는데 딱히 맛있지 않다.
- **D** 릴리코이 맛이 강하다. 탄산이 날카롭게 세고 부드러운 풍미가 없다. 바디감이 부족하다.

5   **빅웨이브 골든 에일**
Big Wave Golden Ale
ABV 4.4%, IBU 21, 22oz, $3.97

- **A** 처음부터 끝까지 기분 좋게 청량하다. ★
- **B** 코나 브루잉 맥주 중에 가장 가벼운 맛이다. 에일인데 라거처럼 청량하고 시원하게 넘어간다.
- **C** 편하게 마시기 좋다. 특색은 없지만, 그만큼 질리지 않고 마실 수 있다. ★
- **D** 탄산이 세다. 에일 느낌이 강하지 않다.

6   **아일랜드 콜라다 크림 에일**
Island Colada Cream Ale
ABV 6%, IBU 25, 6pk/12oz, $12.79

- **A** 파인애플과 코코넛 맛이 골고루 느껴지는데 결과적으로 별로다.
- **B** 코코넛이 맥주와 어울리지 않는 것 같다. 시즌 제품이라고 하니 호기심에 한번 사 먹겠지만 두 번은 안 먹을 것 같다.
- **C** 왜 크림 에일이라고 하는지는 알겠다. 코코넛의 부드러움이 과하다.
- **D** 에프킬라 냄새가 난다. 존재 이유를 알기 어려운 맛이다.

★ 맛있다, 나의 원픽은 이것!

SUPERMARKET 189 BIG ISLAND

올라 브루 컴퍼니
Ola Brew Co.

74-5598 Luhia St, Kailua-Kona, HI 96740
www.olabrewco.com

하와이어로 삶, 건강, 웰빙 등을 뜻하는 단어 'Ola'를 사명으로 내세울 만큼 올라 브루는 지역 공동체와의 상생을 중요하게 생각하는 양조회사다. 브렛 제이콥슨(Brett Jacobson), 네이할라니 브릴랜드(Naehalani Breeland) 등의 공동창업자들은 2010년 노니 음료수 사업을 시작했고 맥주, 사이다(사과주)로 범위를 확장하며 2017년 올라 브루를 창업했다.

양조부터 가공까지 모두 빅아일랜드에서 이뤄진다. 올라 브루는 지역 발전을 비전으로 내세우며 크라우드 펀딩을 통해 현지 투자자들을 모아 몇 년 사이 빠르게 성장했다. 릴리코이, 파인애플, 생강, 바닐라 등 하와이 특산물을 지역 농장에서 적극적으로 구매하며, 음료를 만들고 남은 찌꺼기는 농장에 다시 퇴비로 제공하여 지속가능한 농업 발전에 이바지한다.

좋은 재료를 사용한다는 자부심 때문인지 올라 브루의 음료들은 전반적으로 원재료의 맛이 잘 살아있다. 몇몇 사이다와 맥주, 하드셀처(탄산수에 알코올을 섞은 술의 종류) 캔을 슈퍼마켓에서 쉽게 찾을 수 있고, 코나에 있는 펍에 방문하면 훨씬 다양한 종류의 음료를 맛볼 수 있다.

* 혹시 펍에서 릴리코이 라임 밀크셰이크 IPA(Lilikoi Lime Milkshake IPA)를 발견하거든 꼭 맛보길 추천한다. 슈퍼마켓 편집부 모두 이 맥주가 그리워 빅아일랜드에 다시 가고 싶다고 할 정도다. 너무 맛있다.

BIG ISLAND

SUPERMARKET

SUPERMARKET — BIG ISLAND

1. 레몬그라스 하드셀처
Lemongrass Hard Seltzer
ABV 4.8%, 6pk/12oz, $9.97

- **A** 호불호가 갈릴 것 같다. 알코올은 하나도 안 느껴진다.
- **B** 향이 진저만큼 강하지는 않아서 탄산수에 가깝다.
- **C** 허브가 향긋하다기보다 떫떠름하다. 와, 심지어 생강 맛이 차라리 낫은 느낌이다.
- **D** 레몬즙을 마시는 것 같다. 향이 강하다. 코나 브루잉 맥주와 비교하면 밋밋하다.

2. 진저 하드셀처
Ginger Hard Seltzer
ABV 4.8%, 6pk/12oz, $9.97

- **A** 진저에일에 생강 농축액을 다섯 스푼 더한 맛. 단맛이 하나도 없고 혀가 얼얼할 정도다.
- **B** 잠이 확 깬다. 차라리 생강차를 마시고 싶다.
- **C** (말을 잃었다) 생강을 씹어도 이것보다는 달지 않을까.
- **D** 술의 기능을 하나도 하지 못한다. 생강 맛이 알코올을 이긴다. 심지어 몸이 아플 때 마시면 나을 것 같다.

3. 레몬 라임 하드셀처
Lemon-Lime Hard Seltzer
ABV 4.8%, 6pk/12oz, $9.97

- **A** 느끼한 음식에 곁들이면 입가심용으로 좋겠다. 하드셀처 중엔 이게 제일 낫다.
- **B** 레몬 라임 맛이 강한 탄산수 같다.
- **C** 무난하고 끝맛이 깔끔해서 괜찮다.
- **D** 드라이한 화이트 와인처럼 깔끔한 맛이다.

4. 코나 골드 (파인애플 하드 사이다)
Kona Gold (Pineapple Hard Cider)
ABV 6%, 6pk/12oz, $10.99

- **A** 파인애플 주스에 알코올이 섞인 맛이다. 생각보다 그리 달지 않고 과실주 느낌이 난다. 사과로 시작해서 파인애플로 끝난다.
- **B** 처음에 과일 향이 확 나는데 비릿한 뒷맛 때문에 끝이 별로다. 앞에만 그럴싸하고 뒤를 책임지지 않는다.
- **C** 맛있다. 첫 향이 세긴 한데 개인적으로 단맛을 좋아하고 특색이 있어서 좋다. ★
- **D** 와인 같은 느낌도 있다. 적당히 달면서 쌉싸래하다. 파인애플 향이 확 올라온다. ★

5. 올라 IPA
Ola IPA
ABV 6.5%, IBU 55, 6pk/12oz, $11.99

- **A** 평소 IPA 종류를 잘 안 먹는데 이건 괜찮다. 호불호를 덜 탈 것 같다.
- **B** 올라 브루는 기본적으로 원료 맛을 잘 살리는 느낌이다. 끝맛에 여운이 있고 탄산이 강하다.
- **C** 너무 세고 쓴 느낌이다. 다른 IPA 맥주와 비교하면 별다른 특징을 잘 모르겠다. 펍에서 마신 릴리코이 라임 밀크셰이크 IPA가 그립다!
- **D** 올라 브루는 라거가 유달리 강하고 반대로 IPA는 청량하다. 탄산이 세서 청량하게 느껴지는 것 같다. 라거보다 이게 더 개인적 취향에 맞다.

6. 마아 라거
Ma'a Lager
ABV 5.1%, IBU 14, 6pk/12oz, $11.99

- **A** 맥주를 잘 못 마시지만, 맛있다. 끝맛도 깨끗하다. ★
- **B** 탄산이 세고 일반적인 라거보다 더 풍미가 있다. 달지 않아 좋고 묵직한 느낌이 있다. ★
- **C** 보통 라거보다 더 쌉싸래한 것 같다.
- **D** 원래 라거는 약간 밍밍하고 청량하지 않나, 이건 전반적으로 약간 세다.

★ 맛있다, 나의 원픽은 이것!

AS LOCAL PEOPLE

하와이안 식탁
Cooking

맥주에 안주가 빠지면 서운하다. 바깥에서 사 먹는 음식도 좋지만, 슈퍼마켓에서 다양한 식재료를 쉽게 구할 수 있으니 직접 만들어보는 것은 어떨까. 한 접시에 메인 요리와 밥 그리고 각종 가니쉬를 얹은 플레이트 런치 스타일의 음식은 간단하고 든든해서 식사 겸 안주로 끼니를 해결하기에도 좋다. 나만의 하와이 음식 레시피를 찾아보자.

마히마히 버터구이

우리나라에서는 흔치 않지만, 마히마히(mahi-mahi, 만새기)는 하와이에서 즐겨 먹는 식자재다. 농어목 만새기과에 속하며 크게는 길이 2m에 몸무게 40kg까지 나가는 태평양의 코끼리 같은 생선이다. 맛은 우리가 흔히 먹는 대구나 광어 등의 흰살생선에 가깝고 살점이 단단해서 회보다 구이, 조림, 튀김에 적합하다. 버터를 잔뜩 두른 팬에 마히마히를 구워 레몬즙을 뿌려 먹으면 꿀맛이 따로 없다. 철에 따라 식당에는 마히마히 요리가 없기도 하지만, 슈퍼마켓에서는 손질된 마히마히 생선살을 대체로 쉽게 구할 수 있다.

재료
마히마히 생선살 250g, 버터 25g, 마늘 2~3알, 레몬 1/2개, 소금, 후추

1. 손질된 마히마히 생선살에 소금과 후추를 골고루 뿌려 재워둔다.
   (마히마히를 구하기 어렵다면 다른 흰살생선도 좋다.)
2. 팬에 버터를 녹이고 얇게 저민 마늘을 약불에 굽는다.
3. 마늘이 노릇해지면 마히마히를 넣고 온도를 올려 겉면이 바삭해지도록 굽는다.
4. 생선살이 하얗게 변하기 시작하면 반대로 뒤집어 같은 온도로 구워준다.
   구울 때 버터를 생선에 둘러 끼얹으며 풍미를 더해준다.

파인애플을 넣은 갈비구이

하와이 음식은 다채롭고 포용적이다. 대표 음식이라 불리는 스팸 무스비, 로코모코, 사이민 등도 하와이 이민과 다양한 인종의 역사 안에서 탄생했다. 하와이 식문화에 한국 음식도 자연스레 자리잡고 있다. 밋전(Meat Jun)으로 불리는 육전, 김치, 간장게장을 쏙 빼닮은 크랩 포케까지, 다양한 음식이 있지만 그중에서 가장 사랑받는 음식을 꼽으라면 단연 갈비구이다. 하와이 슈퍼마켓의 소스 코너에 가보면 한국에서 수입한 재료부터 현지에서 직접 개발한 다양한 브랜드의 갈비 소스가 즐비하다. 각자 취향에 맞는 소스를 골라 하와이풍의 갈비구이를 만들어보자.

재료
LA갈비용 소고기 500g, 파인애플 데리야키 소스 100g, 파인애플 120g,
진간장 1큰술, 간마늘 1큰술, 물 180ml~200ml, 소금, 후추

1. 갈비를 찬물에 담가 약 20~30분 정도 핏물을 뺀다.
2. 핏물 뺀 갈비에 시판용 데리야키 소스와 간장, 후추, 간마늘을 넣고 재운다. 시판용 소스는 맛이 강하므로 개인의 취향에 따라 간장과의 비율을 적절히 조절하여 간을 맞춘다. 더 달콤하고 부드러운 갈비구이를 원한다면 파인애플 한 조각을 양념에 함께 넣는다.
3. 양념에 2~3시간 재운 고기를 프라이팬에 굽는다. 처음에는 강불에 팬을 달군 후 고기를 올린다. 고기 겉면이 살짝 익으면 중불로 낮춰 굽는다. 타지 않도록 자주 뒤집어 굽는 것이 좋다.
4. 남은 파인애플은 얇게 썰어 팬 한쪽에 고기 양념과 함께 굽는다.
   짭조름한 양념이 배어든 파인애플은 궁극의 단짠단짠으로 별미다.

*
각 레시피는 2인분 기준

CORP
STORE
IN
BIG IS

빅아일랜드 마트 한눈에 보기

빅아일랜드의 특색이 드러나는 슈퍼마켓을 찾자면 단연 KTA슈퍼스토어나 아일랜드 내추럴 마켓이다. 하지만 '미국의 슈퍼마켓'이라면 코스트코, 세이프웨이, 월마트(Walmart) 같은 대형 슈퍼마켓을 떠올리기 쉽다. 빅아일랜드 지역 상점들이 신선식품에 집중하는 한편 물건을 대량으로 사거나 공산품이 필요할 때는 대형 슈퍼마켓이 확실히 유리하다. 사실 제조시설을 갖추기 어려운 하와이 특성상 대부분 공산품은 수입되어 미국 다른 지역과 비교하면 제품이 엄청 많거나 종류가 특별히 다양하지는 않다. 그럼에도 물놀이용품이나 의류, 간단한 기념품 등을 찾는 여행객에게 이만큼 편한 존재가 없다. 대형 슈퍼마켓 정도는 아니어도 롱스드럭스 (Longs Drugs) 역시 식품부터 의약품, 약간의 공산품 등 제품군이 꽤 다양한 편이다.

1 롱 스

롱스드럭스는 하와이에서 자주 접할 수 있는 약국이자 편의점이다. 의약품뿐만 아니라 화장품, 식음료, 물놀이용품, 기념품 등 여행에 기본적으로 필요한 물건은 대체로 있다. 1938년 토마스와 조셉 롱(Thomas and Joseph Long) 형제가 캘리포니아에 첫 지점을 열었고 1954년 호놀룰루 지점을 시작으로 하와이에 진출하였다. 2008년 CVS 헬스(Health)에 인수되기 전까지 미국 전역에 수백 개의 지점이 있었으나, 인수 이후에는 하와이 지점들을 제외하고 모두 CVS 파머시(Pharmacy)로 바뀌었다. 롱스드럭스가 하와이 내에서 가지는 인지도와 미국 본토와의 지리적 거리를 고려하여 하와이 내 지점은 이름을 유지하기로 한 것이다. 할인행사가 종종 있어서 시일이 잘 맞으면 각종 기념품이나 과자를 저렴한 가격에 살 수 있다.

www.cvs.com

드럭스
Longs Drugs

SUPERMARKET

201

BIG ISLAND

하와이의 진정한 특산품은 리힝무이가 아닐까. 말린 매실에 소금, 설탕 등 다양한 조미료를 첨가한 리힝무이는 정말 달고, 엄청 시고, 참 짜다. 처음 맛보는 사람은 인상을 찌푸리기 마련이지만, 언젠가 한 번쯤 생각나는 묘한 마성의 존재다. 리힝무이 파우더를 묻힌 파인애플, 망고, 젤리, 사탕 등도 슈퍼마켓에서 쉽게 찾을 수 있다. 입문자에게는 리힝무이 젤리를 추천한다.

햇빛이 강렬한 하와이에서 선크림은 필수! 미처 준비하지 못했다면 슈퍼마켓에서 구비할 수 있다. 한 가지 주의할 점은 옥시벤존과 옥티노세이트 성분이 없는 선크림인지 살펴보아야 한다. 이들은 산호초에 매우 유해한 화학물질로, 하와이주는 2021년부터 이 성분이 함유된 선크림을 판매할 수 없도록 법적으로 규제할 예정이다. 구매 전 'Reef-Safe', 'Oxybenzone Free' 등의 표지를 꼭 확인하자.

2

BIG ISLAND

204

SUPERMARKET

월마트는 세계적 대형마트로 샘 월튼(Sam Walton)이 1962년 아칸소주에 개장한 '월마트 디스카운트 시티(Walmart Discount City)' 가게가 시초다. 샘 월튼의 박리다매 전략은 1960년대만 해도 획기적인 아이디어였고, 현재 월마트는 회원제 매장 샘스클럽(Sam's Club)을 포함하여 전 세계 27개국에 11,484개 지점을 운영하는 기업으로 성장했다. 월마트는 소재지의 인구수나 주력상품에 따라 슈퍼센터(Supercenter), 디스카운트 스토어(Discount store) 또는 네이버후드 마켓(Neighborhood market)으로 마트 형태를 다르게 운영한다. 하와이주는 미국 내에서 슈퍼센터가 없는 유일한 곳으로, 10개의 디스카운트 스토어가 있고 그중 2개의 지점이 빅아일랜드에 있다. 식료품에 집중하는 다른 슈퍼마켓과 달리 다양한 공산품, 캠핑용품, 의류, 기념품 등을 한꺼번에 살 수 있고 늦게까지 운영하는 편이다.

www.walmart.com

월 마 트
Walmart

SUPERMARKET 205 BIG ISLAND

알로하 셔츠(Aloha Shirt)는 하와이의 상징이라고 해도 과언이 아니다. 파도, 거북이, 히비스커스 등 폴리네시아 문화를 상징하는 패턴에 단추와 깃, 주머니가 달린 브이넥 반소매 셔츠를 보통 알로하 셔츠 또는 하와이안 셔츠라고 부른다. 남녀노소 모두 입지만 하와이에서는 주로 남성복이라고 생각한다. (이와 유사한 여성복으로는 드레스 스타일의 '무무(muumuu)'가 있다.) 화려한 스타일 때문에 알로하 셔츠를 휴양지에서나 입는 격식 없는 옷차림이라고 오해하기 쉽다. 하지만 오히려 단추를 모두 잠근 채 바지에 집어넣어 입으면 정장으로 받아들인다. 시간과 돈이 부족할 때는 전통 있는 알로하 셔츠 전문점 대신 슈퍼마켓에 가도 좋겠다. 생각보다 종류가 다양하니 완벽하진 않아도 적당한 옷을 찾을 수 있을 것이다.

누군가는 이렇게 말한다. "하와이에서 외지인을 쉽게 알아보는 방법이 있다. 앞이 막힌 신발을 신은 사람이다." 관광객처럼 보이고 싶지 않다면 하와이에 도착하자마자 슬리파를 사라. 우리가 흔히 '쪼리'라고 칭하는 이 신발을 하와이 사람들은 '고무 슬리파(rubber slippah)'라고 부른다. ('slippah'는 하와이안 피진 표현 중 하나다.) 미국 본토 사람들이 주로 쓰는 표현 '플립플롭(flip-flops)' 대신 고유한 이름을 사용할 정도로 슬리파를 향한 하와이 사람들의 애정은 엄청나다. 식당이나 직장은 물론이고 격식 있는 모임에 신고 나가도 전혀 문제가 없다. 수영할 때 손에 껴서 키판처럼 사용할 수도 있다. 특히 '로컬스(locals)'는 슈퍼마켓이나 롱스드럭스에서 쉽게 찾을 수 있고 가격도 저렴하여 다들 즐겨 찾는 제품이다.

아름다운 바다로 유명한 하와이에서 물놀이 한 번을 하지 않는 것은 아쉬운 일이다. 그렇다고 번거롭게 물놀이용품을 챙겨갈 필요는 없다. 슈퍼마켓에 스노클링 마스크부터 비치타월, 보디보드, 튜브, 아쿠아봉 등 물놀이용품이 널려 있다.

나만의 하와이 기념품을 원한다면 월마트에서 원단을 사는 것도 좋은 방법이다. 1야드당 4달러부터 10달러가 넘는 원단까지, 소재, 패턴 등도 다양하다. 마음에 드는 원단을 골라 파우치나 알로하 셔츠 또는 손수건, 쿠션을 만들어보는 것은 어떨까.

SUPERMARKET

BIG ISLAND

이야기해보자
Let's Talk

하와이안의 삶은 어떤가요?

말루히아 오도넬
Maluhia O'Donnell

www.ahapunanaleo.org
kauapaliloa.org

인사가 늦었네요.
간단한 자기소개를 부탁합니다.

제 이름은 말루히아 오도넬이에요. 본토의 미주리주에서 태어나 자랐어요. 모계가 카우아이 출신이라 매해 여름 조부모님을 뵈러 하와이에 오곤 했어요. 여기로 10년 전쯤에 옮겨왔고 그때부터 와이메아 푸나나 레오(Pūnana Leo o Waimea)에서 선생님으로 일하고 있습니다.

이곳으로 이주한 이유가 궁금해요.

이전에 콜로라도주에서 스페인어 유치원 선생님으로 일했는데요, 히스패닉 중에 미국인으로 살기 위해 일부러 스페인어를 사용하지 않는 사람들이 있었어요. 그들을 보면 슬프기도 하고 복합적인

아이들이 노래를 부르며 저희를 환영하는 모습에 정말 감동하였어요. 걸어주신 레이도 너무 예쁘고요.

하와이 전통의 환영식이에요. 호오키파(ho'okipa)라고 부르는데 '환대하다'라는 뜻으로, 이웃과 외지인을 환영하는 관습을 의미해요. 과거 폴리네시아인들은 태평양을 탐험하는 항해자로서 다른 공동체를 마주할 일이 많았어요. 이때부터 환대의 예절이 중요한 문화로 자리 잡기 시작한 거예요. 호오키파에도 순서와 규칙이 있는데 서로 노래로 자신의 출신을 밝히고 선물을 나누는 식으로 진행해요. 하와이안들이 다른 사람과 세계를 어떻게 바라보고 받아들이는지 알 수 있는 문화죠.

감정이었어요. 그런데 어느 날 이런 생각이 들더군요. '나야말로 내 언어를 쓰지 않고 있구나. 나는 여기서 무얼 하고 있지? 나의 출신지를 찾아가야겠어.' 그래서 하와이어를 새로 배웠고 여기서 살게 되었어요. 본토에서 보낸 시간도 물론 좋았지만, 생각대로 행동하는 사람이 되고 싶었어요.

당신 이름도 하와이어인 것 같은데 직접 붙이셨나요, 부모님이 지어주셨나요? 스스로 하와이어 이름을 붙이는 것은 적절하지 못하다고 들었어요.

좋은 질문이네요. 맞아요, 이름 짓기는 여기서 중요한 문화 중 하나에요. 하와이어 이름은 태어날 때 누군가 지어줘야 하는데 가족 성을 따르거나 아니면 가족이 꿈에서 들은 이름을 붙여줘요. 제 할머니 때는 하와이어 교육이 금지되었던 시대라 할머니나 어머니는 하와이어를 배우지 않아서 저는 하와이어 이름을 받지 못했어요. 그래서 제 영어 이름 '에린(Erin)'을 하와이어로 옮겼죠. '에린'은 평화를 의미하는데 말루히아도 같은 뜻이거든요. 고요함, 평온함을 의미해요.

이곳 '푸나나 레오'에 대해서도 소개해주세요.

하와이 언어와 문화를 가르치는 학교에요. 모든 수업을 하와이어로 진행합니다. 푸나나 레오는 유치원 과정으로 3~5살 아이들이 다니고 하와이 각지에 캠퍼스가 있어요. 여기 와이메아 캠퍼스에서는 초·중등생을 위한 '알로 케하우 오 카 아이나 마우나('Alo Kēhau o ka 'Āina Mauna)' 프로그램도 함께 운영하고 있어요. 하와이 공용어가 영어와 하와이어인데 우리는 하와이어 교육을 영어 교육 수준 정도로 끌어올리고자 해요. 하와이어를 가정 내 언어(language of home)로 만드는 데 관심 있는 가족들이 오기 때문에 일반 학교보다 부모들의 참여도가 높은 편이에요. 하와이어 수업에 참여하거나 학교 시설을 위해 함께 기금을 모으죠.

구체적으로 아이들이 무엇을 배우는지 교과 과정에 대해서 조금 더 듣고 싶어요.

'목소리의 둥지(nest of voice)'라는 뜻의 학교 이름처럼 먼저 이 학교에 대해서, 그다음 지역공동체, 빅아일랜드, 하와이, 나아가 전 세계에 대해서 배우도록 인도해요. 영어 커리큘럼을 하와이어로 옮긴 것이 아니라 조상들의 전통적인 교육 철학을 따른 교과 과정을 직접 만들어 운용해요. 하와이 고유의 관점과 철학으로 교육에 접근합니다. 예를 들어 하와이 전통을 보존하는 방법의 하나로 농사를 지어요. 하와이는 음력을 사용해서 매일 달을 보고 농사를 어떻게 지을지 결정해요. 농사를 통해 하와이안들의 시간에 관한 관념, 이 땅의 풍토 등을 알게 되죠. 또는 우리에게 아주 중요한 문화인 '카누 항해(Voyaging Canoe)' 관련 커뮤니티 활동이나 행사에도 참여해요. 우리가 어디에서 왔는지 이해하는 기회가 됩니다. 언어도 다양한 방식으로 배워요. 훌라가 좋은 예시죠. 하와이어 노래를 기반으로 하니까요.

한국 독자를 위해 하와이어의 특징을 간단히 알려주실 수 있을까요?

하와이어는 철자대로 발음되어요. 영어에서는 조합에 따라 발음이 바뀌는 경우도 있는데 하와이어는 소리가 변하지 않아요. 영어와 달리 자음은 h, k, l, m, n, p, w만 사용하고요. 끊어 읽기를 지시하는 오키나(ʻ)가 있죠. 하카라마(hakalama)라는 문자 체계표가 있는데 어린아이들은 이걸 노래로 부르며 하와이어를 익혀요. 내용의 측면에서는, 예로부터 굉장히 시적인 언어였어요. 호오오파파(hoʻopāpā)라는 전통적인 게임을 보면 논쟁할 때도 자신이 알고 있는 내용을 다른 사람에게 증명받으면서 수수께끼 방식으로 대화했어요. 만일 상대방이 '생선'이라고 말하면 저도 생선에 관한 무언가를 재빨리 말해야 해요. '지혜의 대결(battle of wits)'이라고도 부르죠. 카우나(kauna)도 하와이어의 중요한 특징 중 하나에요. 한 단어가 여러 의미를 가진다는 뜻인데 예를 들어 누군가를 쥐라고 부르면 어리석거나 소인배라는 표현이에요. 쥐(ʻiole, 이올레)에는 어리석다는 의미도 숨겨져 있어요.

하와이어가 다른 폴리네시안 언어들과도 비슷한가요?

매우 비슷해요. 바로 말할 수 있을 정도는 아니지만, 뉴질랜드 쪽 마오리어를 이해할 수는 있어요. 마오리어는 하와이어에 없는 't'를 사용하기도 하고 차이가 있긴 하죠. 스페인어와 이탈리아어 사이의 관계와 흡사해요.

현재 하와이어를 구사하는 인구가 어느 정도 되나요?

2만 명 정도로 추정해요. 1984년 푸나나 레오가 처음 설립되었을 때 18세 이하 청소년 중에 하와이어로 말할 수 있는 사람은 50명 이하였다고 해요. 30여 년 동안 언어 정상화(renormalization)를 위해 다 함께 노력한 결과라고 생각해요.

아름다운 하와이어 노래가 많더라고요. 하와이어를 배울 수 있는 노래를 몇 곡 추천해주신다면요.

"머리 어깨 무릎 발" 노래의 하와이어 버전인 "Nā Māhele O Ke Kino"나 하와이안의 자긍심을 표현한 "He Hawaiʻi Au"을 추천해요. 하와이어 기본 구조를 익히기에 "Kaleponi Hula"도 좋은 노래고요. 저도 처음 하와이어를 배울 때 이 노래들을 들었어요. 하와이 전설을 담은 "ʻŌpae Ē"은 동화책으로도 나와 있어요. 장어에게 납치된 여동생을 구하기 위해 오빠가 여러 해양 생물에게 도움을 청하는데 장어가 너무 크다며 다들 회피해요. 그런데 삿갓조개만이 나서서 장어의 눈을 꽉 물어 도와주죠. 아무리 작은 존재라도 누군가를 도울 수 있다는 것을 알려주는 노래에요.

이제 "슈퍼마켓" 이야기를 해볼까요. 평소 물건을 살 때 주로 어디를 이용하나요?

주변 파머스 마켓이 다 훌륭해서 즐겨 찾아요. 그중에 푸칼라니

로드(Pukalani Road)에 있는 파머스 마켓을 제일 좋아해요. 학교 구성원 중에 농장을 운영하는 가족이 있어서 그들이 가꾼 작물을 사기도 하고요. 공산품이 필요할 때는 KTA슈퍼스토어나 푸드랜드에 가요.

슈퍼마켓에서 어떤 물건을 사는지 소개해주세요. 팬케이크 믹스, 커피, 맥주 등등 무엇이든 좋아요.

타로 팬케이크 믹스를 좋아해요. 제가 본토에 계시는 어머니께 보내드리는 몇 안 되는 물품 중 하나에요. 코코넛 시럽도 애용해요. 여기 사람들은 다들 좋아하는데 다른 데는 잘 없더라고요.

음료는요, 맥주나 커피는 안 드세요? 빅아일랜드 맥주와 커피가 유명하잖아요.

맥주는 빅아일랜드 브루하우스(Big Island Brewhaus)의 화이트 마운틴 포터(White Mountain Porter)를 좋아하고요. 커피는 코나 커피 중에 뭐든지 세일 중인 상품을 골라요. 100% 코나 커피는 비싼 편이라 세일할 때 사는 게 좋죠. 코나 커피가 좋은지 잘 모르겠다는 사람들도 있지만, 제 생각에 코나 커피 맛이 더 강한 것 같아요. 여기서 나니까 더 신선하기도 하고요.

아침, 점심, 저녁에는 보통 무엇을 드시나요?

그렇게 특별하진 않아요. 아침에는 계란을 완숙으로 먹어요. 여유 있을 때는 요거트에 파파야, 그레놀라 등을 넣어 먹고요. 점심은 각자 가져온 도시락으로 학교에서 해결하고 저녁도 상황에 따라 다양하게 먹어요. 남자친구가 낚시를 좋아해서 저녁에는 주로 생선을 먹는 것 같네요. 학교 뒤편에 전통 방식의 화덕 이무(imu)가 있어서 라우라우나 닭요리를 해 먹기도 하고요.

하와이 문화에 대해서도 몇 가지 여쭤보고 싶어요. 하와이에 와보니 실제로 샤카 사인을 많이들 쓰더라고요. 샤카의 기원이나 활용법이 궁금해요.

기원은 잘 모르지만, 다른 선생님한테서 들은 얘기는 있어요. 예전에는 샤카 사인을 하면 어떤 부탁이든 들어줄 수 있다는 뜻이었대요. 별거 아니라고, 문제될 게 없다고 이야기하는 방식이었던 거죠. 요즘은 만나거나 작별할 때 인사로 써요. 사진 찍을 때도 하고요. (웃음)

호오키파에서 주신 레이는 처음 보는 모양인데 정말 예뻐요. 레이 종류가 이처럼 다양한데 어떤 레이를 가장 좋아하시나요?

아콜리콜리 꽃

아쿨리쿨리('ākulikuli) 레이가 정말 아름다워요. 와이메아 전통 레이예요. 꽃송이 세 개를 하나로 엮어 이어서 만드는데 리본처럼 보이죠. 다 만든 다음에 어두운 곳에 두었다가 선물하면 그때부터 꽃이 활짝 피기 시작해서 더 좋아요. 파카라나(pakalana)로 만든 레이도 좋아해요. 작은 초록 꽃인데 향이 좋아요.

빅아일랜드에서 꼭 해보았으면 하는 일도 소개해주세요.

이 근처에 오시면 '와이메아 정육점(Waimea Butcher Shop)'에 가보세요. 지역에서 키운 고기를 판매해서 정말 신선하고 맛있어요. 그리고 용암을 보러 가세요. 매번 형상이 달라지니 언제 봐도 좋아요. 화산국립공원 내부의 볼케이노 아트센터(Volcano Art Center)에서는 다양한 문화 행사도 진행해요. 유익하고 흥미로운 프로그램이 많아요. 시간이 있다면 푸우 훌루훌루(Puʻu Huluhulu)에 가보길 추천해요. 알고 계실지 모르지만, 요즘 마우나케아 정상에 망원경을 추가로 설치하는 사안을 두고 정부와 시민단체가 대립 중이거든요. 푸우 훌루훌루는 마우나케아로 올라가는 길 초입인데 망원경 설치를 반대하는 사람들이 여기에 캠프를 차리고 시위하고 있어요. 매일 노래, 훌라 같은 활동으로 땅에 대한 사랑을 이야기하고 마우나케아의 상징성과 중요성을 설파해요. 여러분이 그간 보아온 훌라와는 조금 다를 텐데 보다 전통적인 방식에 가까워요. 그곳에 가면 진짜 하와이 문화를 경험할 수 있을 거예요.

그럼 빅아일랜드를 방문하는 관광객이 어떤 에티켓을 갖추면 좋을까요?

친구들한테 농담 반 진담 반으로 꼭 집에 돌아가라고 이야기해요. 외지인들이 이곳 땅을 많이 사는 바람에 하와이안들이 밀려났거든요. 자기가 살던 곳에서 계속 살 여력이 없어서요. 누군가에는 휴가지일 수 있지만, 여기서 일상을 보내며 사는 사람들이 있다는 것을 염두에 두길 바라요. 그리고 어쩐지 하면 안 될 것 같은 일은 하지 마세요. 하와이에는 예전부터 성지로 여겨온 장소가 많은데 그곳에서 마음대로 행동하는 사람들이 있어요. 신성시하는 돌을 막 가져가거나 훼손하기도 하고요. 엄청 무례한 행동이에요. 마지막으로 이곳만의 문화와 언어가 있다는 것을 알아주세요. 과거의 것이 아니라 여전히 여기서 행해지고 살아 숨 쉬고 있어요.

마지막으로 빅아일랜드에서의 삶은 어떠한지 짧게 정의하여 표현해주세요.

"piha", 하와이어로 '충만한, 완전한'이라는 뜻이에요. '만월'을 의미하기도 하고요. 이곳에서 의미 있는 일을 하며 최선의 삶을 살고 있다고 생각해요.

와이메아 푸나나 레오의 구성원들

푸우 훌루훌루(Pu'u Huluhulu)

카메하메하 1세 조각상

하와이 문화 겉핥기
Glance At Hawaiian Culture

하와이를 여행하며 모르면
아쉬운 기본 문화를 소개한다.

하와이어
ʻŌlelo Hawaiʻi

하와이주 공용어는 영어와 하와이어다. (현지인들은 하와이어와 영어에 중국어, 일본어, 필리핀어 등 이주노동자들의 언어가 뒤섞인 하와이안 피진도 많이 사용한다.) 하와이어를 생경하게 여길 수 있지만, 인사말로 흔히 쓰는 "알로하(Aloha)"부터 하와이 음식, 지명에 이르기까지 하와이어가 쓰이지 않는 곳이 없다. 오늘날 하와이어는 영문자를 빌려 표기하는데 다섯 개의 모음(a, e, i, o, u)과 장음 기호 그리고 오키나(ʻokina)를 포함하여 여덟 개의 자음(h, k, l, m, n, p, w, ʻ)을 사용한다.

오키나는 끊어 읽기를 지시하는 자음 글자로 ʻ로 표기한다. "하와이(Hawaiʻi)"에서 문장 부호처럼 보이는 것이 바로 오키나다. 편의를 위해 생략하기도 하지만, 오키나 유무에 따라 다른 단어가 될 정도로 하와이어에서 오키나는 중요한 하나의 글자다. 하와이 음식이나 기념품에서 자주 보이는 하와이어 정도는 알아두면 어떨까.

라우할라	lauhala	할라 나무 이파리 또는 이를 이용하여 만든 바구니, 모자, 매트 등의 공예품.
레이	lei	화환, 화관. 화환을 착용하다.
레후아	lehua	오히아 레후아의 꽃으로 빅아일랜드의 상징.
루아우	lūʻau	어린 타로 잎. 하와이 전통음식에 어린 타로 잎을 이용하는 경우가 많아 하와이식 파티를 칭하는 표현으로 확장되었다.
리무	limu	해조류. 특히 전통음식에 들어가는 해조류를 통칭함.
릴리코이	lilikoʻi	패션프루트.
마일레	maile	하와이 토종 관목으로 레이의 재료로 자주 쓰임. 달콤한 수풀 향이 나는 마일레 레이는 하와이 현지에서 매우 인기가 좋다.
마할로	mahalo	존경, 감사, 칭찬. 영어의 "Thank you"와 유사하게 구어로 자주 쓰임.
모아나	moana	바다, 외해.
아히	ʻahi	다랑어 고기. 특히 황다랑어나 눈다랑어 고기를 칭함.
알로하	aloha	일반적으로 사랑, 환영, 예의를 뜻하나 의미를 쉬이 단정할 수 없을 만큼 다층적인 표현. 영어의 "Hello"와 유사하게 구어로 자주 쓰임.
오노	ʻono	맛, 맛있다.
오하나	ʻohana	가족, 동료.
올라	ola	삶, 건강.
이나모나	ʻinamona	볶은 쿠쿠이넛으로 만든 양념 가루. 주로 포케에 뿌려 먹는다.
펠레	Pele	폴리네시아 신화에서 불과 화산의 여신.
포이	poi	타로 죽. 루아우에 꼭 나오는 하와이 전통음식.
포케	poke	깍둑썰다. 생선회를 깍둑썰기하여 양념과 버무려 먹는 음식.
푸푸	pūpū	조개, 비즈, 간식, 소스.
피카케	pīkake	(영어 단어 peacock에서 유래) 아라비아 재스민.
하와이	Hawaiʻi	하와이주, 하와이섬, 하와이의.
하우피아	haupia	코코넛 푸딩
호누	honu	푸른바다거북. 하와이에서 수호자와 행운을 상징한다.
호오키파	hoʻokipa	환대하다. 이웃과 외지인을 환영하는 관습.
훌라	hula	하와이의 춤, 챈트.

레이
lei

기후가 온화하여 사시사철 꽃이 피는 하와이에서 레이는 어쩌면 당연한 문화일지도 모른다. 레이를 흔히 꽃목걸이라고 해석하지만, 그보다는 '착용할 수 있도록 물건들을 하나로 엮은 것 그리고 그것을 선물하는 행위'를 통칭한다. 폴리네시아인들은 하와이에 정착한 고대부터 신에게 바치는 제물로, 계급을 구분하기 위해, 부족 간 평화를 상징하며, 스스로 장식하기 위해 레이를 만들었다. 꽃뿐만 아니라 나무줄기, 씨앗, 깃털, 조개껍데기 등 레이의 재료는 다양한데 특정 신이나 계급을 상징하는 레이는 사용할 수 있는 사람 또는 상황이 정해져 있었다.

재료만큼이나 레이를 만드는 방법도 여럿이다. 꼬거나 엮거나 묶거나 꿰어서 만드는데 꽃의 어떤 부분을 꿰느냐에 따라서도 모양이 달라진다. 시대에 따라 레이를 주는 방식 또한 달라졌다. 과거에는 상대방 몸에 손을 대지 않고 바치듯이 건넸다면 요즘은 가벼운 포옹과 함께 직접 걸어준다. 누군가 레이를 건넨다면 절대 거절해서는 안 되고 목보다 어깨에 걸친다는 느낌으로 앞뒤로 늘어뜨리는 편이 정석에 가깝다. 레이를 받은 후 건넨 사람과 함께 있는 동안에는 계속 걸치고 있어야 한다.

한편 하와이의 관광산업이 발달하면서 레이는 여행객을 위한 상품으로 개발되기 시작했다. 호놀룰루의 로열 하와이안 센터(Royal Hawaiian Center)는 레이 만들기 강좌를 무료로 운영하고 기념품 가게에 조화로 만든 제품이 즐비하다. 그럼에도 레이는 여전히 하와이 일상 깊숙이 자리한 생활문화에 가깝다. 축하와 감사를 담아 직접 만든 레이를 선물로 주고받거나 훌라를 출 때 훌라의 수호자를 상징하는 레이를 목이나 머리, 손목 등에 두른다. 하와이의 결혼식, 졸업식, 학예회 등 행사 사진을 보면 주인공들이 수십 개의 레이를 걸고 있어 얼굴이 반만 보이는 진풍경을 이루기도 한다.

메리 모나크 페스티벌, 레이 데이(Lei Day), 알로하 페스티벌(Aloha Festivals) 등 하와이 축제에서도 도시 곳곳을 화려하게 수놓는 레이와 관련 퍼레이드를 빼놓을 수 없다. 카메하메하 데이에 각 섬을 상징하는 레이와 해당 색상의 옷으로 꾸민 파우 라이더(Pa'u riders)들의 퍼레이드가 특히 장관이다.

섬 이름	꽃	색상
니하우(Niʻihau)	푸푸(pūpū, 조개껍데기)	하양
카우아이(Kauaʻi)	모키하나(mokihana)	보라
오아후(Oʻahu)	일리마(ʻilima)	노랑
몰로카이(Molokaʻi)	쿠쿠이(kukui)	초록
라나이(Lānaʻi)	카우나오아 줄기(kaunaʻoa vine)	주황
마우이(Maui)	로케라니(lokelani)	분홍
카호올라웨(Kahoʻolawe)	히나히나(hinahina)	회색
하와이(Hawaiʻi, 빅아일랜드)	오히아 레후아(ʻōhiʻa lehua)	빨강

오히아 레후아
‘ōhi‘a lehua

빅아일랜드를 상징하는 오히아 레후아는 하와이 역사와 문화에서 중요한 식물이다. 관련 신화 중 불과 화산의 여신 펠레와 관계된 전설이 가장 유명하다. 펠레는 청년 오히아를 흠모했는데 그는 레후아라는 여성과 서로 좋아하는 사이였다. 질투심에 사로잡힌 펠레는 오히아를 나무로 만들었고 절망한 레후아는 비통함에 울부짖었다. 레후아를 불쌍히 여긴 다른 신들이 그녀를 오히아에 피는 꽃으로 변신시켰고 둘을 함께할 수 있게 되었다. 오히아는 용암이 지나간 자리에 가장 먼저 자랄 만큼 자생력이 강한 나무라서 펠레 즉 화산의 분노를 이겨냈기에 이러한 전설이 내려온다는 의견도 있다.

하와이 신화에서 오히아 레후아와 관계된 신은 펠레만이 아니다. 훌라의 수호자이자 카누의 신 쿠카오히아라카 (Kukaohialaka, 줄여서 '라카'라고도 부른다)를 상징하는 존재도 오히아 레후아다. 실제로 오히아는 카누뿐만 아니라 건물을 짓는 데 요긴한 목재로 활용된다.

또한, 훌라에서 라카를 섬기며 무용수들은 오히아로 만든 리듬 스틱 칼라아우(kāla‘au)를 사용하거나 오히아 레후아 레이로 몸을 장식한다.

더군다나 꿀이 유명한 빅아일랜드에서 오히아 레후아 꿀은 꼭 먹어보아야 할 특산품이다. 하와이에서만 볼 수 있는 토종꿀로 독특한 향과 맛을 자랑한다. 이처럼 하와이 문화·생활의 바탕을 이루는 오히아 레후아가 안타깝게도 근래 균진병으로 큰 타격을 입었다. 재단을 통한 기금 마련, 훌라 행사에서 오히아 레후아 레이 사용하지 않기 등 오히아 레후아를 지키기 위해 하와이주는 지속해서 노력하고 있다.

하와이화산국립공원의 오히아 레후아 (www.nps.gov/havo)

훌라
hula

훌라를 '비키니 형상의 옷을 입고 엉덩이를 격정적으로 흔드는 모습'으로 상상한다면 오해다. 이는 사실 타히티의 춤에 가깝고 하와이의 훌라는 고요하고 느린 춤이다. 같은 폴리네시아 문화권이라 유사한 점도 많지만, 타히티 춤은 엉덩이를 많이 사용하는 한편 훌라에서는 주로 손을 사용한다. 각 손동작이 지칭하는 표현이 정해져 있다는 점에서 훌라는 마치 수어나 시 같다. 훌라의 기원에 관해서는 다양한 신화가 있으나 고대부터 자연의 숭고함을 이야기하거나 일종의 종교의식으로 행해졌다. 오늘날 훌라를 고전적 스타일의 훌라 카히코(Hula kahiko)와 현대적인 훌라 아우아나(Hula ʻauana)로 구분한다.

훌라 카히코는 전통적인 방식의 훌라로 타악기나 챈트에 맞춰 절도 있게 춤을 춘다. 고대 신을 기리는 의식의 성격이 강하게 남아있다. 상대적으로 부드럽고 유려한 훌라 아우아나는 현대적인 스타일로 우쿨렐레나 기타 반주에 춤을 춘다. 여행객도 쉽게 접근할 수 있는 훌라 강좌가 하와이 곳곳에서 열리니 관심 있다면 한번 찾아보자. 매년 봄 빅아일랜드 힐로에서 열리는 훌라 축제 메리 모나크 페스티벌도 놓치기 아쉬운 볼거리다.

길라잡이

16쪽 ① **하푸나 비치 주립공원**
(Hāpuna Beach State Park)
Old Puako Rd, Waimea, HI 96743

빅아일랜드에서 가장 큰 규모의 모래사장을 자랑하는 해변이다. 파도가 잔잔한 편이라 수영하거나 아이들과 놀기 좋다. 일광욕을 즐기는 현지인부터 구경 나온 관광객까지 사람이 항상 많으니 아침 일찍 자리 잡길 추천한다.

92쪽 ④ **반자이 파이프라인**
(Banzai Pipeline)
59-337 Ke Nui Rd, Haleiwa, HI 96712

서퍼들에게 오아후 북부 노스쇼어는 천국이다. 특히 반자이 비치는 큰 파도가 자주 치기로 유명한 서핑 장소다. 서핑할 줄 몰라도 파도를 즐기는 서퍼들의 몸짓을 구경하는 것만으로 충분히 가볼 만하다.

42쪽 ② **탄탈루스 드라이브**
(Tantalus Drive)
2872 Tantalus Dr, Honolulu, HI 96822

오아후에서 호놀룰루 시내를 한눈에 내려다보고 싶다면 탄탈루스 전망대를 찾자. 탄탈루스는 화산분출물이 쌓여 형성된 분석구인데 오늘날 드라이브나 하이킹 코스로 인기가 좋다. 전망대까지 오르지 않아도 드라이브만으로 도심의 풍경을 충분히 감상할 수 있다.

106쪽 ⑤ **케알라케쿠아 베이 주립역사공원**
(Kealakekua Bay State Historical Park)
82-6099 Puuhonua Rd, Captain Cook, HI 96704

이름에서 알 수 있듯이 하와이 역사에서 중요한 곳이다. 고대 하와이 사람들이 제물을 바치던 성지가 바로 앞에 있고 캡틴 쿡 기념비도 인근에 있다. 그가 빅아일랜드에 처음 발을 디딘 곳이자 사망한 지역이기 때문이다. 다양한 해양생물을 만날 수 있어 관광객에게는 스노클링, 스쿠버다이빙이나 카약 타기 좋은 장소로 알려져 있다. 운이 좋으면 돌고래도 볼 수 있는데 해양생물 보호구역이므로 인가받은 투어업체를 이용하길 권장한다.

56쪽, 58쪽 ③ **키홀로 베이**
(Kiholo Bay)
71-1890 Queen Ka'ahumanu Hwy, Kailua-Kona, HI 96740

원래 카메하메하 1세의 양식장이었는데 19세기 중반 마우나로아의 화산 활동으로 현재의 모습을 갖추었다. 용암이 흐른 흔적을 검은 자갈 해변에서 생생히 확인할 수 있다. 주차장에서부터 약 2km 거리의 자갈밭을 땡볕 아래를 걸어야 진정한 키홀로 베이에 도달할 수 있으므로 편한 신발과 물을 꼭 챙겨가길 바란다. (인터넷에서 "키홀로 베이 주차장(Kiholo Bay Parking)"이라고 검색해야 정확한 경로를 찾기 좋다.) 와이나날리이 연못(Wainanali'i Pond) 인근에서 거북이가 자주 출몰하는데 거북이를 만나더라도 절대로 만지거나 방해하면 안 된다.

112쪽, 114쪽 ⑥ **폴롤루 밸리**
(Pololū Valley)
52-5100 Akoni Pule Hwy, Kapaau, HI 96755

빅아일랜드 사람들이 사랑하는 장소로 깎아지른 듯한 산세와 바다가 만나는 풍경이 장관이다. 전망대에서 30분 정도 걸어 내려가면 검은 모래 해변이 나오는데 길이 가팔라 운동화가 필수다. 카메하메하 1세가 여기서 태어났다는 설도 있다.

Hidden Pictures

164쪽　⑦ **와이키키 비치**
(Waikīkī Beach)
Waikiki Beach, Honolulu, HI 96815

우리는 하와이 스포츠로 서핑을 떠올리지만, 사실 하와이 사람들에게 서핑은 스포츠보다 삶의 방식 혹은 태도에 가깝다. 이들에게 진정한 스포츠란 바로 패들링. 보통 6인승 아웃트리거 카누를 타고 바다를 누비는 스포츠를 칭하는데 몰로카이와 오아후 사이 해협을 횡단하는 경기가 있을 정도다. 카누로 하와이에 온 폴리네시안 조상의 정신을 이어받아 패들링은 하와이 고유의 문화이자 스포츠로 정착했다. 관광객을 위한 4인승 카누 또는 카약 체험도 곳곳에 많다.

218쪽　⑨ **카메하메하 1세 조각상**
54-3900 Akoni Pule Hwy, Kapaau, HI 96755

하와이 왕국을 건설한 카메하메하 1세를 기리는 조각상이다. 코할라 북쪽에 서 있는 이 조각상이 카메하메하 1세 조각상 중 가장 먼저 만들어진 것이다. 원래는 호놀룰루에 세우려던 조각상인데 유럽에서 만들어 싣고 오다가 배가 난파되고 만다. 그리하여 두 번째 조각상을 다시 만들던 중 바다에서 첫 번째 조각상을 발견하여 호놀룰루에 두 번째 조각상을, 카메하메하 1세가 태어난 곳으로 알려진 코할라 지역에 첫 번째 조각상을 세웠다. 폴롤루 밸리 가는 길에 들러 보기 좋다.

216쪽　⑧ **푸우 훌루훌루**
(Puʻu Huluhulu)
Mauna Kea Access Rd, Hilo, HI

마우나케아 정상부에 거대한 망원경을 추가로 설치하는 사안을 둘러싸고 정부와 시민단체가 대립 중이다. 하와이 신들이 머무는 성지로 여겨지는 마우나케아가 훼손되는 것을 좌시할 수 없는 시민들은 마우나케아로 올라가는 길목, 푸우 훌루훌루에 텐트를 치고 농성에 돌입했다. 하와이의 전통적인 가치 즉, "땅에 대한 사랑(Aloha ʻĀina)"을 널리 알리는 문화·교육적인 활동과 함께 비폭력 시위를 진행한다. 이 깃발은 '산의 수호자들(Kū Kiaʻi Mauna)' 즉, 시위에 뜻을 같이하는 시민들을 상징한다.

BIG ISLAND

232

MARKET

SUPERMARKET 233 BIG ISLAND

BIG ISLAND

234

SUPERMARKET

HA
Hote

WAII Best

SUPERMARKET 235 BIG ISLAND

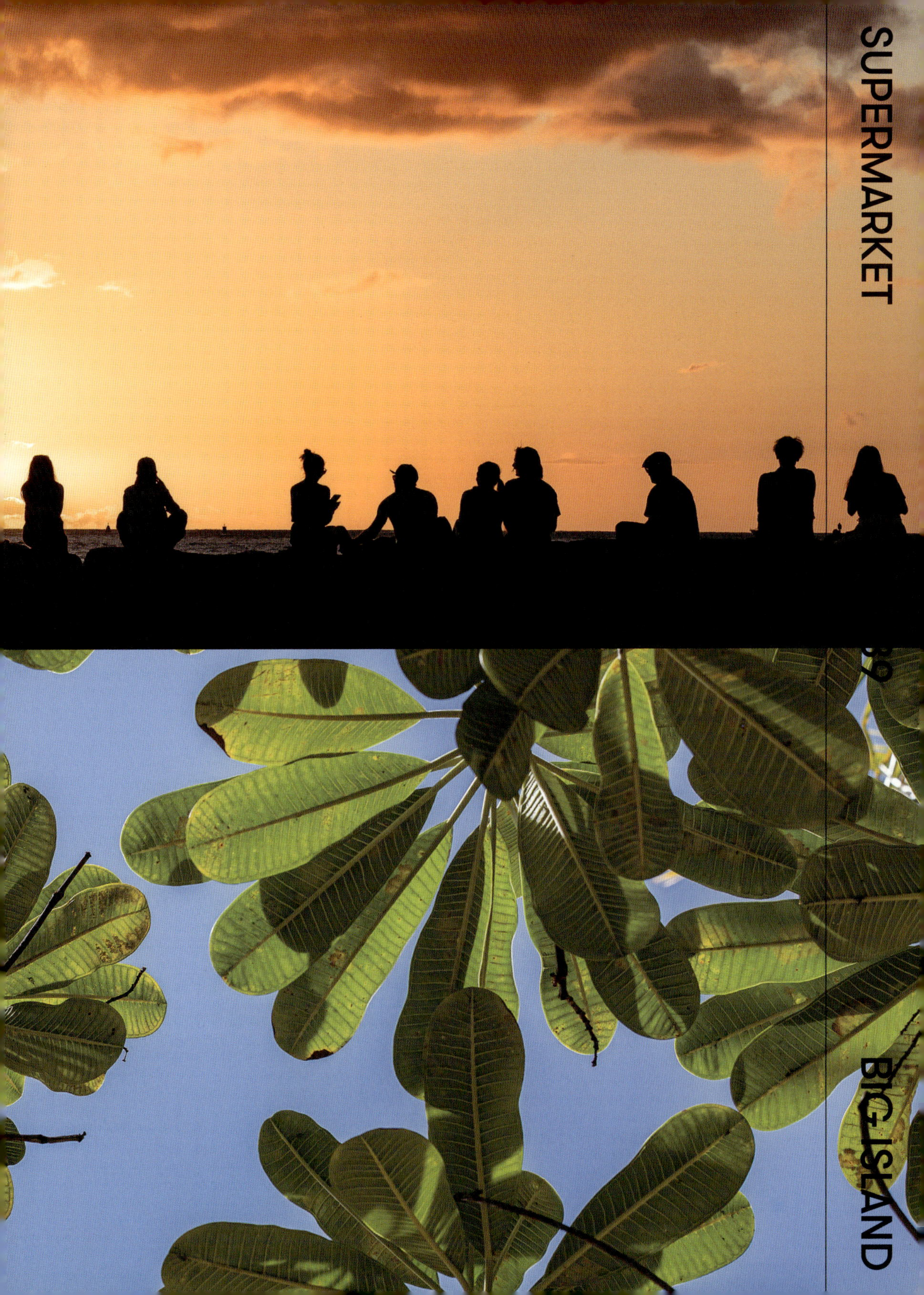

SUPERMARKET

39

BIG ISLAND

슈퍼마켓: 하와이 빅아일랜드
SUPERMARKET: BIG ISLAND (VOL.2)

1판 1쇄 발행
2020년 7월 27일

편집
박경린
장유진
신승민

디자인
오디너리피플

사진
타별사진관

도움
신사랑

발행
박경린

발행처
케이스스터디

04526 서울 중구 세종대로16길 27
남양빌딩 4층 402호
T. 02-2261-1123
F. 02-2261-1123
casestudy.kr@gmail.com

ISBN
979-11-964749-9-7
979-11-964749-6-6 (세트)

가격
18,000원

이 도서의 국립중앙도서관 출판예정도서목록(CIP)은 서지정보유통지원시스템 홈페이지(http://seoji.nl.go.kr)와 국가자료종합목록 구축시스템(http://kolis-net.nl.go.kr) 에서 이용하실 수 있습니다. (CIP제어번호 : CIP2020027116)

이 도서 내용의 전부 또는 일부를 재사용하려면 반드시 저작권자와 케이스스터디 양측의 서면 동의를 받아야 합니다.

케이스스터디는 동시대 문화의 흐름을 전시, 출판, 연구 및 교육 프로그램 등으로 담아냅니다. 인문학적 상상력으로 다른 관점의 새롭게 보기를 공유하며, 케이스스터디만의 새로운 기준을 만들어나갑니다.

Special Thanks To
Alyson Kaneshiro
Maile & Ikaika Rawlins
Namaka Rawlins
Miki'ala Stulen
Melissa Yamanaka